W0284841

Daniel de Roulet

Frontières liquides

Journal de lacs

PHÉBUS

www.editionsphebus.fr

© Phébus/Libella, Paris, 2025
ISBN : 978-2-7529-1459-0

À Virginie

Avant-propos

Dans le droit international, un lac frontalier est une étendue d'eau douce ou salée non directement reliée aux océans de la planète et partagée entre deux ou plusieurs pays. Une cinquantaine de ces lacs sont recensés, mais il en existe au moins deux fois autant de plus petits.

Je suis né dans cette Suisse bordée de lacs frontaliers. Le Léman est à la fois suisse et français, le lac Majeur se partage avec des riverains italiens et le lac de Constance présente aussi des berges autrichiennes et allemandes.

Vivre au bord de l'un d'eux est un privilège qui me tient à distance du nationalisme puisque l'eau que j'ai sous les yeux ne peut être attribuée à un seul pays. Elle voyage d'une rive à l'autre au gré du courant, de la température, de la profondeur, d'une embouchure d'un côté de la frontière jusqu'aux plages d'un autre côté. Le lac frontalier a besoin qu'on en prenne soin par-delà ses limites territoriales. C'est l'exemple même d'un bien commun.

Par le hasard de ma naissance au bord du Léman, je n'ai jamais pu envisager qu'il appartienne davantage aux gens de Genève qu'à ceux d'Évian. Le riverain d'un lac frontalier finit par modifier la perception qu'il a de sa propre identité. Un habitant de Lausanne qui a chaque jour sous les yeux le rivage français du Léman et les Alpes savoyardes considérera finalement ce décor comme faisant partie de son paysage intime, celui dont il aura la nostalgie, le mal du paysage plutôt que le mal du pays.

Ainsi, au bord du Léman, chacun se retrouve un peu franco-suisse. Pour mieux comprendre cette situation, je suis parti à la découverte d'autres lacs frontaliers en Europe et sur d'autres continents. Et cela est devenu une obsession telle que, au cours de ces dernières années, j'ai choisi de ne voyager que dans ce but. Il ne s'agit pas d'un inventaire exhaustif; une vie n'y suffirait pas. Il ne s'agit pas non plus de portraitiser chacun de ces lacs de façon méthodique. Pourtant, chaque fois que cela était possible, j'en ai fait le tour.

Ici sont donc retracées une vingtaine de mes visites à des lacs partagés. Je me suis intéressé à leur couleur, à leur transparence, à leur niveau, à leur faune, à leur écologie. À ce qui les rend uniques. J'ai rencontré des riverains qui cherchent un consensus pour la gestion d'un bien partagé – parfois même en évitant d'en référer à leur gouvernement. Les bateliers rusent, les nageuses plongent, les douaniers chassent les migrants, les pêcheurs s'arrangent et le voyageur raconte.

Au début de ces explorations, je croyais qu'une frontière liquide était comme une frontière terrestre déplacée sur l'eau. J'ai donc été attentif au tracé qui partageait les eaux. Dans les cas simples, il se situe à mi-chemin de chaque bord. La distance entre deux rives de nationalité différente est divisée par deux et chaque pays s'attribue les eaux correspondantes. Autre cas simple : quand l'une des extrémités du lac s'enfonce dans un secteur étranger, la frontière terrestre continue d'une rive à celle d'en face, enjambe l'eau comme elle le ferait sur la terre ferme.

Il existe aussi des cas complexes : le lac appartient à plus de deux pays ou il présente une forme tourmentée, ou encore une enclave nationale se trouve sur ses berges. La jurisprudence internationale, le droit maritime et les rapports de force occupent alors les diplomates en de longues négociations. Ils aboutissent à toutes sortes de solutions, y compris des frontières dites « à la rive », où un pays garde toute la surface du lac jusqu'à la côte étrangère. Les cas de figure sont innombrables – frontière médiane, en ligne droite unique ou brisée. Aujourd'hui, des bornes virtuelles sont placées grâce à la précision du GPS.

Ces situations, aussi disparates et passionnantes soient-elles, sont d'une importance secondaire. Ce qui compte d'abord pour celles et ceux qui habitent aux environs d'un lac international, c'est la gestion de ce bien commun. Il faut s'entendre sur des principes, sur le nom d'une île, sur des détails, jusqu'au financement d'équipements partagés. Le report sur une carte d'un tracé défini sur l'eau ne résoudra jamais un problème de pollution ou d'écoulement. Souvent, un affluent appartient à un pays tandis que l'eau s'écoule dans un autre. Chacun peut alors prétendre en contrôler le niveau. Le lac international offre d'abord une ressource naturelle partagée. Sans entente, tout le monde est perdant.

À travers les siècles, les confins sont déplacés. Les lacs sont utilisés comme des frontières dites « naturelles », où viennent buter les revendications territoriales. Ainsi l'un d'eux devient-il d'un coup frontalier alors qu'il faisait partie pendant des siècles du même empire. Ou bien, au contraire, il était partagé entre deux pays qui n'en forment désormais plus qu'un.

J'ai tenu à commencer par le Wannsee de Berlin, un lac que j'ai connu frontalier avant qu'il appartienne de nouveau à un seul pays. Le rideau de fer ne le traverse plus. J'ai ensuite choisi de présenter ces exemples non pas dans l'ordre où je les ai visités mais en les regroupant par régions. J'ai eu à cœur de ne négliger aucun continent, à l'exception de l'australien qui n'abrite qu'un seul pays.

J'ai fait seul la plupart de ces voyages, sauf à deux occasions.

D'abord entre la Chine et la Russie, le lac Khanka : je n'aurais pas pu le découvrir sans l'aide de Fanny, mon amie russophone. Ensuite, à la fin de ce livre, je ne savais pas comment raconter le Léman puisque chaque jour, à deux pas de chez moi, je le vois et le sens frissonner. Il aurait pu faire l'objet d'un livre à lui seul. Il est ma référence. J'ai finalement décidé de raconter le tour que j'en avais fait à pied avec Virginie, à qui je dédie ces pages. Elle est française, elle aime comme moi le Léman, mais depuis moins longtemps. À travers son regard plus neuf que le mien, j'ai cru pouvoir retrouver la distance qui m'était nécessaire pour parler de cette longue étendue d'eau si familière.

Cette traversée des lacs internationaux, écrite à des moments différents de ma vie, ne constitue en rien une théorie ou un essai d'anthropologie lacustre. Il s'agit bien d'un voyage, d'une visite rendue dans le temps et l'espace pour laisser venir ces quelques moments d'éblouissement qui sont comme des épiphanies. Je fais ce vœu aussi qu'on découvre une atmosphère que j'ai parfois respirée, celle de la mondialité qui liquéfie les frontières sans nous livrer à la mondialisation. Et pour le reste, j'espère qu'on trouvera dans ces pages non pas une étroitesse helvétique et prude, mais la politesse de l'effacement. Bon voyage.

FRONTIÈRES EFFACÉES

Wannsee

Depuis que le mur qui traversait l'Allemagne a été détruit, le Wannsee n'est plus à cheval sur une frontière. Pour les Berlinois d'un certain âge, ce qu'ils appelaient l'étranger a longtemps recouvert une réalité, celle qui se trouvait de l'autre côté du mur. D'autres Allemands parlaient la même langue qu'eux, mais ils ne se connaissaient pas.

Peu de temps après la chute du mur, je me trouvais à Berlin pour courir le marathon de la capitale à peine réunifiée. Je m'étais aperçu que le parcours empruntait des rues qui portaient le même nom côté Berlin-Est et côté Berlin-Ouest. Chaque partie de la ville voulait montrer que les personnages illustres lui appartenaient. Ainsi y avait-il deux rues Calvin et deux rues Voltaire, mais plus qu'un seul Wannsee à la périphérie ouest.

Pendant la guerre froide, le mur traversait ce lac sous forme de filets immergés, de bouées surveillées par les vedettes des gardes-frontières et par un sous-marin de poche. Je m'étais rendu au bord depuis Berlin-Ouest et j'avais senti un malaise : la rive opposée faisait partie du paysage, mais pas du monde où je vivais et qu'on appelait alors le monde libre. L'histoire déplace les frontières et dans le cas de frontières liquides, lacs ou cours d'eau, les riverains peuvent être privés d'une partie de leur paysage intime. Des voisins de longue date deviennent des ennemis par la force d'un décret d'État. Aujourd'hui, je peux en faire le tour sans entraves. Un lac précédemment international est redevenu national. Les frontières liquides, en s'effaçant, n'ont pas changé la couleur des eaux.

Le Wannsee n'est pas seulement une grande quantité d'eau qui se réchauffe au soleil, il a cette beauté qui lui a valu sa réputation tragique. Ses rives ont attiré poètes, empereurs et sombres brutes. Depuis 1989, il n'est plus le maillon d'une frontière, mais le plus grand bassin d'agrément des Berlinoises et Berlinois qui, l'été, s'y trempent par centaines de milliers.

« Toute littérature est assaut contre la frontière. » Pour suivre la petite phrase de Kafka, moi qui fais métier d'écrire, il me fallait aussi assaillir la frontière, qu'elle soit liquide ou révolue. Le Wannsee m'a semblé un bon terrain d'exercice avant d'explorer des lacs sur d'autres continents.

Avant de m'attaquer à de grands lacs comme ceux qui séparent le Canada des États-Unis ou, plus important encore, à la Caspienne qui partage ses eaux entre cinq pays riverains, j'ai pensé plus simple de m'intéresser à un petit lac, riche d'histoire et de littérature, qui a réussi à effacer la frontière liquide qui l'entravait.

Wannsee, pour moi comme pour beaucoup d'étrangers, avant d'être celui d'un lac, est le nom d'une conférence qui s'est tenue sur ses bords dans une villa le 20 janvier 1942. La conférence de Wannsee devait avaliser la « solution finale du problème juif », l'exécution industrielle d'un plan monstrueux.

Visitant la fameuse villa au milieu d'écolières horrifiées, je m'étais rendu compte que la réunion à laquelle avaient participé, sous l'autorité de Heydrich, des bourreaux aujourd'hui disparus, n'avait duré en tout et pour tout qu'une heure et demie. Après s'être mis d'accord sur les modalités du crime, ces messieurs (pas une femme) s'étaient fait servir à déjeuner avant de reprendre place chacun dans sa limousine blindée. J'ai vu les photos et la copie du procès-verbal tenu par Eichmann, celui qui avait été retrouvé en Amérique du Sud et dont Hannah Arendt avait mis en évidence le caractère si atrocement banal au procès de Jérusalem.

Pour les Berlinoises et les Berlinois d'aujourd'hui, j'en ai pris conscience sur place, le mot de Wannsee n'est plus du tout associé à ce passé nazi. C'est devenu un nom commun, un peu comme ces stations du métro parisien que le haut-parleur indique avant l'arrêt sans que jamais je songe à ce qu'elles évoquent pour d'autres : Charonne, Tuileries, Avron, Pyramides, Buzenval.

Avant de prendre le RER berlinois pour rejoindre le Wannsee, je réunis quelques informations qui me serviront à comprendre ce que j'aurai sous les yeux. Je ne vais pas prétendre être le premier à décrire ses eaux sombres dans lesquelles tant d'auteurs avant moi ont trempé leur plume. Ainsi lesté, je descends à la station Wannsee et me voilà sur place, près du débarcadère où j'attends le transport public pour un tour sur le lac.

Mon point de départ sera une affaire d'amour et de littérature. De petits écriteaux indiquent en effet qu'ici se trouve la tombe de deux amants. L'un d'eux est un écrivain que j'admire depuis que j'ai vu un jour Gérard Philipe jouer *Le Prince de Hombourg* à Avignon.

Le 21 novembre 1811, Henriette Vogel, 31 ans, et Heinrich (Henri) von Kleist, 34 ans, ont décidé de mettre fin à leurs jours. Elle souffre d'un cancer de l'utérus. Lui, considérant qu'il a raté sa vie, ne tient pas à rater sa mort. Très tôt orphelin, il est entré à 14 ans au service de l'armée, « sept années perdues », dit-il. Puis trois semestres à l'université de Francfort-sur-l'Oder pour « rapprocher sciences et littérature », une tâche toujours d'actualité. Il part pour Paris avec sa sœur, puis envisage de devenir paysan en Suisse. Au bord du lac de Thoune, il écrit sa première pièce, on s'y suicide par erreur. De retour à Berlin, il est arrêté par les troupes d'occupation françaises. Libéré, Kleist fait jouer son théâtre. Goethe le met en scène à Weimar. Puis il part en campagne contre Napoléon avec *Germania*. C'est un échec de plus. Ses pièces ne sont plus montées, ses textes ne trouvent plus d'éditeur, ses journaux font faillite, l'armée ne veut plus de lui.

Par une après-midi de l'arrière-automne 1811, Henriette et Henri se rendent dans une auberge au bord du Kleiner (petit) Wannsee. Malgré le froid, ils se font installer dehors une table avec de quoi écrire. Ceux qui les ont vus diront qu'ils avaient l'air d'un couple heureux, enjoué même. Ils rédigent des lettres d'adieu, n'hésitent pas à écrire que, dans les ultimes heures de leur vie, ils sont « satisfaits et lucidement gais », ou plutôt « satisfaits et au clair », « *zufrieden und heiter* », dit le rapport de police.

Henri loge une balle dans le cœur de Henriette, puis se tire une autre balle dans la bouche. Les deux chirurgiens chargés de l'autopsie notent que Kleist jouissait d'une parfaite santé. Mais le roi de Prusse fait changer le constat : le sang du suicidé était épais, signe d'une bile chargée. Kleist était donc dépressif, voilà qui excuse le geste d'un officier.

Le jour même, les amants sont enterrés sur place, car à cette époque les suicidés n'ont pas droit aux cimetières. Leurs cercueils devaient se toucher, ils l'avaient exigé.

Le 22 février 1942, le mois qui a suivi la trop fameuse conférence de Wannsee, Lotte Altmann, 33 ans, et Stefan Zweig, 60 ans, décident de mettre fin à leur vie d'exilés. Eux aussi, un écrivain désespéré et son amoureuse. À Petrópolis au Brésil, j'ai trouvé leur tombe au fond d'une allée sombre. Ils ont préféré les barbituriques.

J'ai cherché ce que Zweig et Kleist pouvaient avoir en commun en dehors de leur suicide en couple. J'ai découvert le texte que le premier a écrit sur le second. Le combat avec le démon. C'est Zweig qui cite le fameux vers du *Prince de Hombourg* qui sera repris par les nazis.

Le Wannsee, comme tous les lacs, n'est pas seulement une partie de l'histoire mondiale ou le réceptacle de quelques aventures romantiques, c'est aussi un paysage qui se modifie avant même qu'une frontière ne vienne partager ses eaux. Ainsi remodelé, rectifié, le Wannsee n'a plus la même forme que celle qu'il avait à l'époque de Kleist.

Longtemps le Kleiner Wannsee où les amants ont mis fin à leurs jours, guère plus large qu'un fleuve, n'a été qu'une excroissance en cul-de-sac du grand Wannsee. Mais le 2 juin 1906, à bord du vapeur *Alexandria*, Sa Majesté Impériale Guillaume II, sa femme et les princes de Hohenzollern sont venus couper le ruban tendu d'une rive à l'autre, à l'endroit où le petit lac finissait. On avait achevé de creuser le canal de Teltow, long de trente-huit kilomètres, qui reliait l'Oder à l'Elbe par le Havel, un lac à l'ouest de Berlin. Ce prolongement coûteux permettait aux péniches de ne plus encombrer la Spree au centre de Berlin. Ainsi les beaux quartiers de la capitale n'avaient-ils plus à supporter les nuisances des transports de charbon.

L'ouverture du canal de Teltow avait transformé une bande de terre reliée au reste du territoire en une île. Dès 1869, le banquier Conrad avait anticipé ce développement, achetant de vastes terrains, revendus par lots à de riches clients. Il était devenu de bon ton de se retirer sur les rives du Wannsee avec ses gens, de se faire construire par un architecte renommé une somptueuse demeure, ouverte sur un parc qui descendait jusqu'au lac. L'été on y donnait des fêtes dans la brise du soir, des bals au clair de lune et l'hiver, quand les eaux se figeaient, on admirait depuis le bon côté de la vie des lions de pierre aux griffes enfouies dans la neige.

Pour faire le tour du lac, j'utilise le service régulier de batellerie qui emprunte été comme hiver le même trajet. À son bord, derrière un micro, le capitaine commente les riches heures du Wannsee, qui se limitent pour lui aux sept châteaux que les Hohenzollern ont fait édifier à travers les siècles. Il dit avoir à disposition une anecdote à propos de chaque pavillon de chasse, chaque tourelle baroque, chaque portail de fer forgé.

Un ami berlinois qui pratique depuis longtemps l'aviron à huit places m'a raconté que, pendant la guerre froide, les gardes-frontières est-allemands dans leur hors-bord attendaient les rameurs qui longeaient les bouées du mur aquatique aux endroits où le lac se rétrécissait. Ils fonçaient alors pour provoquer les plus grosses vagues possibles. Si le skipper ne redressait pas la barre, l'équipage se retrouvait à l'eau sous les éclats de rire des militaires ennemis. Mon ami le rameur m'a aussi expliqué que cette partition de l'Allemagne et du monde entre Est et Ouest n'a été décidée ni à Washington ni à Moscou, mais bien ici même, au bord de ces eaux.

Du 16 juillet au 2 août 1945, chacune des trois puissances avait établi son quartier général dans une villa qui donnait sur le lac. Pour Staline, Beria, son bras droit, avait choisi une résidence que les arbres de l'été cachaient aux regards indiscrets. Elle appartenait à un propriétaire de magasins de fourrures juif qui l'avait fait construire par un architecte suédois en 1910. Toit mansardé, crépi gris, quatre colonnes à l'avant pour soutenir un balcon ovale aux ornements Art nouveau. Un grand hall de réception, une salle à manger spacieuse, une loggia sur le parc. Staline dormait à l'étage sur le lit de camp qui le suivait dans tous ses déplacements.

La résidence de Churchill était un peu plus loin. Les architectes du monde entier en ont entendu parler parce qu'elle est classée monument historique, non pas à cause de l'homme au cigare, mais en tant qu'œuvre d'un architecte de 29 ans, Mies van der Rohe. Son œuvre de jeunesse est une grande bâtisse rose aux lignes claires, deux étages montés sur un socle qui sert de terrasse, trois arches pour une loggia face au lac. Le toit à quatre pans semble comme rajouté pour se conformer aux règlements de construction. C'était la résidence d'été du président du conseil d'administration de la Deutsche Bank, un nazi décédé juste assez tôt pour échapper à la justice des Alliés. Churchill y avait pris ses quartiers avec son vice-Premier ministre.

La résidence du troisième participant à la conférence de Potsdam, qui avait négocié la partition du monde, était celle du président américain Truman. Demeure plus traditionnelle, avec sa tourelle dans un grand toit de tuiles et ses corps symétriques ajoutés. Elle aussi possède sa petite colonnade, briques rouges sur fond de crépi ocre, et un escalier monumental pour descendre dans le parc jusqu'au rivage. Elle a servi de « *little White House* ». Grâce au journal de Truman, on peut suivre les événements. Il avait pris ses fonctions à la mort inattendue de Roosevelt. Survolant Kassel et Magdebourg, il notait : « Vu d'avion, rien ne restait de ces villes, je ne pouvais y distinguer aucune maison encore debout.[1] » Plus loin, traversant le centre de Berlin : « Jamais je n'ai revu une telle destruction. Nous avons longé le Tiergarten, les ruines du Reichstag, du ministère des Affaires étrangères, du palais des sports et de dizaines de monuments célèbres dans le monde entier avant la guerre. Ce n'était plus qu'un tas de gravats. En deux heures de visite, j'ai été le témoin d'une tragédie mondiale et je suis de tout cœur reconnaissant qu'à mon pays ait été épargnée une destruction si incroyable. Dans la matinée du 16 juillet, le lendemain de mon arrivée à Potsdam, le ministre de la Guerre, Stimson, m'a annoncé la nouvelle qui allait changer l'histoire mondiale : la première explosion atomique avait été un succès... la civilisation humaine en était bouleversée.[2] »

Je connais bien cette histoire. Dans le désert du Nouveau-Mexique, j'ai visité l'endroit où l'équipe d'Oppenheimer a testé à la hâte la bombe qui devait prouver à Staline l'hégémonie militaire définitive des États-Unis. Le message codé annonçant la réussite de l'expérience avait tout d'une bonne nouvelle : « *Babies satisfactorily born.* » Une semaine plus tard, le 24 juillet 1945, Truman décidait d'anéantir le Japon. De la petite Maison-Blanche de Berlin était parti

1. *Mémoires*, traduit de l'Anglais (États-Unis) par Denise Meunier, Plon, 1955-1956.

2. *Ibid.*

l'ordre de bombarder les populations d'Hiroshima et de Nagasaki. 200 000 morts d'un coup et autant de blessés et d'irradiés. Truman qui venait de visiter les ruines de Berlin savait ce qu'il faisait.

Et pendant ce temps, la conférence des trois grands sur l'avenir de l'Allemagne et de l'Europe se poursuivait au château de Cecilienhof. Le soir, Truman invitait à des réceptions dans sa résidence. Churchill et Staline venaient y entendre Chopin. On dit que Staline, qui adorait ses valses, a demandé plusieurs bis. Atmosphère d'été idyllique à la tombée de la nuit qui entrait par les larges fenêtres. Un peu plus loin, les Berlinoises erraient dans les ruines et les Japonais rôtissaient sous le feu divin.

C'est au cours de cette conférence que Berlin a été découpée en quatre secteurs, soviétique, anglais, américain et français, et que le monde a été divisé en deux blocs, dont la frontière a passé très exactement là, au milieu du lac.

La construction d'une nouvelle démarcation suppose des changements pour les habitants, voire des expulsions violentes. Tandis que le bateau où je me trouve glisse presque sans bruit à la surface des eaux paisibles dans la splendeur du soleil d'été, je note que la villa de Truman a été attribuée au maréchal soviétique signataire de la reddition sans condition de l'armée allemande. Ce n'était pas la première fois que cette demeure auguste changeait brutalement d'occupant.

À l'avènement du nazisme, dès 1933, les Juifs qui habitaient les belles villas riveraines ont été contraints de les abandonner ou de les vendre à vil prix, première expulsion.

Les dignitaires du régime nazi se sont installés à leur place. Ainsi Goebbels par exemple, ministre de la Propagande de Hitler, a-t-il fait raser un château d'eau voisin sous prétexte qu'il lui gâchait la vue.

À l'effondrement de l'Allemagne en 1945, deuxième expulsion massive. L'armée soviétique s'était emparée de la zone après de durs combats qui avaient coûté la vie à neuf cents civils et soldats. Les habitants avaient eu quatre heures pour vider les lieux et laisser place aux vainqueurs russes. Les villas ont été louées à des familles nombreuses. Et cela jusqu'en 1989 à la chute du mur.

Ma petite croisière sur le Wannsee continue par Babelsberg. L'endroit se trouve sur la rive du plan d'eau et son histoire croise la naissance de l'industrie du cinéma. C'est là que s'élèvent les plus célèbres studios d'Europe.

Aujourd'hui encore, les studios TV et cinéma reçoivent chaque année 350 000 visiteurs, friands d'assister aux tournages de Quentin Tarantino, George Clooney ou Roman Polanski. Depuis le pont du bateau je détaille les rives, je pense aux expulsions qui en ont marqué l'histoire.

La troisième expulsion a eu lieu quand les héritiers des anciens propriétaires spoliés sont venus réclamer leur bien. Les habitants qui avaient été relogés là à la fin de la guerre ont été chassés, ce qui a provoqué tourments et haine. Les murs des maisons récupérées ont été tagués de menaces. Les spéculateurs de l'Ouest étaient mal vus. Ceux qui s'installaient là travaillaient dans les studios de Babelsberg, producteurs enrichis, célébrités du spectacle.

Les habitants moins riches de la région, désormais empêchés d'accéder aux rives privatisées, ont réussi à faire voter une loi pour rendre publics les bords du lac. Plusieurs propriétaires de domaines ont déclaré que, dans ces conditions, ils préféraient s'en aller. Les « victimes » de cette quatrième expulsion étaient moins à plaindre que les premières. L'histoire tragique se répétait sur le mode de la farce.

Y aura-t-il une cinquième expulsion ? Le bateau longe maintenant un terrain de golf de vingt-sept trous, le plus ancien d'Allemagne, paraît-il, où d'alertes vieillards, chemisettes blanches, pantalons et cheveux blancs, se font des politesses tandis que d'agiles adolescents tirent leurs caddies aux clubs étincelants. Le green impeccable est d'une couleur si uniforme qu'on pourrait la croire artificielle. Derrière une lignée de vieux chênes se situe un bâtiment inauguré en 1957 par une cérémonie à laquelle participaient deux éminents savants de la physique nucléaire. Otto Hahn, d'une part, prix Nobel malgré son implication dans les expériences atomiques des nazis. D'autre part Lise Meitner, Juive autrichienne ayant échappé de justesse aux chambres à gaz, à qui l'humanité doit la découverte de la fission nucléaire. Le réacteur inauguré faisait partie du Hahn-Meitner-Institut für Kernphysik. En 1991, l'installation a encore été agrandie. Pour ne pas effrayer les golfeurs et la population des alentours, l'endroit a changé d'appellation, la référence atomique a été effacée, les noms accolés de Hahn et de Meitner ont été remplacés en 2009 par un anonyme Helmholtz-Zentrum Berlin.

Depuis la catastrophe de Fukushima, la confiance atomique s'est encore réduite, et les autorités ont distribué la marche à suivre en cas d'accident nucléaire : rester calme, fermer portes et fenêtres, se protéger le nez et la bouche avec un mouchoir. Dans un rayon de quatre kilomètres. Des chauffeurs de taxi déposeront devant la porte de chaque immeuble des tablettes d'iode à consommer sur-le-champ. « Dans ce rayon pourraient avoir lieu pour une durée de quelques mois des expulsions d'urgence », selon un plan défini par les autorités. Cinquième expulsion ?

Un peu plus loin, c'est la plage d'un kilomètre, avec son sable apporté de la mer du Nord, son bâtiment de cabines, ses restaurants, ses tables de ping-pong et ses 35 000 entrées chaque dimanche d'août. Sur l'autre rive, en face exactement, l'ignoble villa qui assombrit le nom de Wannsee.

Le bateau passe encore sous le pont où l'Orchestre rouge a manqué un attentat contre Goebbels en 1942. La tête coupable a été tranchée à la hache. Le pont est aujourd'hui décoré de géraniums et d'imposants lampadaires.

Je débarque à mon point de départ, l'endroit où sont enterrés Henriette et Heinrich von Kleist. Pour les jeux Olympiques à Berlin en 1936, les nazis avaient fait de Kleist un héros tragique et germanique. Sur sa tombe avaient été gravés les vers du poète Max Ring : *Il a vécu, chanté, souffert/En des temps troubles et lourds/Ici il a cherché la mort/Et trouvé l'immortalité.* En 1941, s'avisant que ce Max Ring était juif, les nazis avaient remplacé l'inscription par le vers du *Prince de Hombourg* que citait Stefan Zweig : *Nun, o*

Unsterblichkeit, bist du ganz mein. « Désormais, ô immortalité, tu es toute mienne. »

Je regagne le centre de Berlin avec le RER, content d'avoir vu recollées les rives du Wannsee que partageait le mur. Des baigneuses et des baigneurs rentrent chez eux après une après-midi de plage. Et puis je constate que la rame où je me trouve a pour destination Oranienburg, qui pour moi est d'abord le nom du premier camp de concentration nazi, ouvert en 1933.

À chaque fois qu'à Genève je lève la tête vers l'horizon, mon regard croise des sommets situés à l'étranger. Le Salève est en France, le Mont-Blanc aussi, les Voirons, le Môle, la Faucille, le Vuache sont au-delà du petit bassin genevois. Dans toutes les directions la ville est entourée par des montagnes qui plongent sur elle depuis l'étranger. Bien sûr ce n'est pas Sarajevo et on ne craint pas un encerclement militaire, mais il est à tout moment présent dans ma perception du paysage sauf peut-être quand j'admire le lac depuis le dernier pont de la rade. Je me souviens que la première fois que j'ai passé trois mois à Berlin, je me suis retrouvé un matin levant la tête et découvrant que la ville n'avait pas d'horizon de montagne. L'habitant d'une ville plate construite sur un marais ne peut savoir à quel point cette présence qui souligne le passage entre la terre ferme et le ciel peut être rassurante. Ce matin-là, j'ai éprouvé comme un mal du paysage. Je ne peux pas dire mal du pays puisqu'il ne s'agit pas de la Suisse, mais d'un Suisse regardant la France qui l'entoure.

Deux semaines après ma balade en bateau sur le Wannsee, invité par le Literarisches Colloquium Berlin pour parler de littérature, je n'ai pas pu m'empêcher d'évoquer la bâtisse où s'étaient réunis Heydrich et la hiérarchie du régime hitlérien. La villa de la savante institution se trouve en effet sur la rive est, presque en face de l'autre. On y organise des lectures et des rencontres littéraires de grande valeur culturelle sans rapport avec la dernière guerre mondiale. Mais pour moi qui m'étais intéressé à la première conférence de Wannsee, il était impossible de venir en ces lieux sans y faire référence.

C'était une belle soirée d'été, les vins chics coulaient à flots. Des fauteuils, mais aussi des bancs, avaient été installés sur la terrasse face à une estrade couverte. Sous les grands arbres du parc – majestueux tilleuls, chênes centenaires –, le public berlinois se pressait pour profiter à la fois de la fraîcheur du soir et des apéritifs littéraires. Pas moins de huit auteurs allaient occuper la scène tandis que le soleil déclinerait sur les eaux du lac.

Vers 19 heures, le directeur de la villa a souhaité la bienvenue à l'assistance, puis un officiel s'est félicité du temps qu'il faisait. Après quoi on m'a demandé de parler. J'en ai profité pour tenir là une nouvelle conférence de Wannsee. À ma manière. J'ai imaginé que les puissants de ce monde décident de se réunir, comme chaque année à Davos ou pour le G8, le G20, au bord du même lac berlinois, pour étudier à froid les tenants et aboutissants de leur stratégie guerrière. Quelque chose comme la « solution finale des problèmes du monde ». Je me suis vu dans le rôle de celui qui prononcerait le discours d'ouverture de cette nouvelle conférence. J'avais préparé un exposé à la fois totalitaire et mondain face à cette exquise assemblée réunie par un soir d'été. J'allais leur parler comme s'ils étaient membres de la caste des *global players*, les acteurs mondialisés, responsables de la marche de la planète. Je pensais que je provoquerais un certain malaise, même si ce ne serait pas la première fois qu'on utilise la fiction pour parler du réel.

Rien ne s'est passé comme prévu. Ma lecture a duré près d'une demi-heure. Au bout de cinq minutes déjà, un mouvement lent s'est amorcé en direction du buffet installé à l'intérieur des salons. Je voyais les gens en revenir avec des assiettes remplies à ras bord de victuailles. Visiblement le mauvais goût volontaire de ma harangue ne coupait pas les appétits. Comme j'étais censé jouer le rôle historique d'un représentant de la pensée totalitaire, j'ai haussé le ton. Mais le mouvement autour du bar près du lac et autour des grillades n'en est devenu que plus intense. Seule une centaine de personnes sont restées assises. À la fin de mon intervention, le buffet avait été pillé, mais chacun avait les mains libres pour applaudir ma tentative.

Cet acte manqué, cette fausse conférence de Wannsee, m'a persuadé qu'avec les riverains mieux vaut s'en tenir à une description des lacs frontaliers, qui n'en remue pas trop la vase historique.

FRONTIÈRES EXTRÊME-ORIENTALES

Lac Khanka

Entre la Chine et la Russie, aux confins est du continent asiatique, le lac Khanka est un cas extrême. D'ordinaire, deux pays qui se partagent le même lac partagent une langue, une religion ou une culture. Autour des Grands Lacs entre le Canada et les États-Unis, les riverains parlent anglais. En Amérique du Sud, sur les bords du Titicaca, on se comprend en espagnol. Dans le cas des lacs à demi suisses, les riverains sont francophones autour du Léman, germanophones autour du lac de Constance, italophones autour des lacs de Lugano et Majeur. Pour le Khanka, la séparation est radicale. Russes et Chinois n'ont ni la même langue, ni la même écriture, ni la même religion, à moins de considérer le communisme comme une ancienne religion commune. Comment s'entendent-ils alors ?

Il y a six ans, Fanny et moi étions partis ensemble de Magadan à la recherche des camps staliniens de la Kolyma.

Fanny est une éditrice championne d'aviron, toujours de bonne humeur et qui, parmi beaucoup de qualités, a celle d'être russophone. Cette fois, il s'agit de se rendre à Vladivostok pour atteindre le Khanka, trois cents kilomètres au nord de la ville.

Grâce à quelques indications fournies par la Toile, je sais que ce lac est quatre fois plus étendu que le Léman, mais beaucoup moins profond, à peine quatre ou cinq mètres. Lors d'un récent voyage en Chine, j'ai trouvé un prospectus qui disait : « L'eau du lac est si limpide et le ciel de cette région tellement bleu qu'on a appelé ce lac "l'émeraude du Nord" […]. Le paysage naturel du lac Xingkai [c'est ainsi que les Chinois appellent le Khanka] est particulièrement pittoresque. Au printemps et à l'automne, à la rame, on a l'impression de se trouver dans une belle peinture. En été, le fond plat du lac et le sable fin et blanc de la plage font de cette région une station balnéaire et de villégiature. »

Côté russe, le discours est tout autre : eau vaseuse, transparence entre 10 et 80 centimètres et graves problèmes de pollution. On mentionne aussi l'inondation fréquente des berges qui fait varier l'étendue du lac entre 3 940 km^2 et 4 510 km^2.

Fanny et moi nous mettons en route en juillet, pas la meilleure saison puisque la chaleur peut être tropicale au bord du Khanka qu'on dit infesté de moustiques. En août, nous aurions craint les typhons ; en janvier, les froids sibériens ; en avril, les emportements du dégel, etc. Alors, pourquoi pas juillet ?

Vladivostok est à neuf heures de vol de Moscou, sept fuseaux horaires plus loin. Fanny a tout un réseau d'amis en Russie, ça facilite les choses, même si nous nous sommes bien préparés. Parce qu'il y a bien sûr la littérature : les récits de Vladimir Arseniev découvrant le Khanka tout au début du XXe siècle et ceux de Ferdynand Ossendowski, un autre explorateur de la même époque. En ce temps-là, la région était à peine cartographiée, le Transsibérien en voie d'achèvement, il ne manquait que le grand pont sur l'Amour. D'abord avant-poste militaire, Vladivostok s'était développée grâce à l'arrivée des colons qui se comportaient dans ce Far East comme ceux du Far West américain. Existe-t-il des colons qui ne soient pas colonialistes ?

Ossendowski en fait une description terrible : des bandes de malfaiteurs coréens terrorisent la ville, « attaquent les magasins et les banques et capturent les riches citoyens pour ne les libérer que contre rançon, sans que la police ni les tribunaux puissent rien contre eux ». Plus tard, la ville a connu toutes les catastrophes du siècle : déportations, guerres mondiales, révolutions, camps de concentration et même un accident nucléaire. Elle était interdite aux étrangers jusqu'en 1990.

En juillet, elle se couvre d'un crachin qui vient du large. Je retrouve une météo digne de San Francisco quand, de tout le mois d'août, le pont du Golden Gate sort de la purée quelques heures par jour seulement. Ici aussi, le brouillard cache le haut des piles du pont suspendu, inauguré en 2012.

Le détroit urbain qu'il enjambe s'appelle « Corne d'Or », à la manière d'Istanbul.

Une fois habitué au crachin, on se promène d'une rive à l'autre avec plaisir. Pas de gratte-ciel en vue à l'exception de deux constructions de verre assez hautes qui devraient abriter un jour des hôtels de la chaîne Hyatt. Inachevés pour le moment, ils résistent mal aux hivers sibériens qui risquent d'en hâter la fin sans que jamais touriste en profite.

L'absence de tours est compensée par la variété des monuments. D'une massivité souvent repoussante, ils documentent un passé tourmenté. Les plus nombreux, ceux de l'ère soviétique, évoquent les batailles gagnées par des travailleurs exemplaires, des marins courageux, des généraux entreprenants. Plusieurs ouvrages détruits par le pouvoir soviétique ont été reconstruits. Ainsi l'arc de triomphe en mémoire du passage du tsarévitch n'est pas loin d'un Lénine argenté. Le poète Ossip Mandelstam, mort à Vladivostok lors de sa déportation vers la Kolyma, est honoré à quelques rues du monument qui rappelle la « glorieuse reconquête soviétique » de Sakhaline. En 1945, après la fin de la guerre contre les nazis, c'est de Vladivostok que s'organise une terrible campagne militaire contre le Japon. Les troupes russes envahissent l'île de Sakhaline, la Mandchourie et la Corée jusqu'au 38e parallèle, font 550 000 prisonniers qu'elles enferment dans des camps. En 1949, seuls 50 000 d'entre eux en sortiront vivants.

Dans la ville où tournoient les goélands, on peut monter à bord d'un sous-marin, se promener sur un croiseur et admirer dans la rade d'imposants navires de guerre lance-missiles, à deux pas de la gare du Transsibérien d'où partent les centaines de milliers de voitures, camions, machines diverses, importées de Chine, du Japon et du monde entier. Désormais ce sont les touristes chinois, non par centaines mais par centaines de milliers, qui occupent une cité qui, sans eux, serait exsangue. On rêve d'un jour où les trottoirs n'auront plus ces profonds trous d'égouts inattendus. Comme dans toutes les villes où les déchets sont en abondance, les pigeons envahissent l'espace urbain. Et comme partout ailleurs, les petits enfants joyeux s'amusent à les poursuivre pour qu'ils s'envolent.

À la gare du Transsibérien, des carreaux de porcelaine représentent tous les animaux du pays. Une plaque marque le passage d'Hô Chi Minh pendant la guerre du Vietnam. La locomotive à vapeur, exposée comme un trophée à la gloire des travailleurs soviétiques, a été fabriquée aux États-Unis. C'était une aide des Alliés pendant la Seconde Guerre mondiale. La belle machine noire a enjambé le Pacifique, l'Amérique est à bout portant. La rue principale a retrouvé son nom de Svetlanskaya après avoir traversé l'ère soviétique sous celui de Leninskaya.

On n'en a jamais fini avec l'histoire. La fondation Memorial qui cherche à en documenter les périodes les plus sombres a encore du travail. En 1998, au moment de la construction de la nouvelle route qui rejoint l'aéroport, elle a aidé à la mise au jour d'un charnier où se trouvaient des hommes âgés de 25 à 35 ans, fusillés à la fin des années 1930 : « Sur une profondeur de 50 centimètres, une section de terre dans une tranchée de construction est saturée de squelettes humains serrés les uns contre les autres. La disposition est anarchique, les squelettes sont couchés les uns sur les autres dans différentes positions. » On a retrouvé 3,5 tonnes d'ossements humains, dont 495 crânes percés d'une balle. Ils font l'objet d'une tombe collective dans un cimetière de Vladivostok. Pas le courage de nous y rendre.

D'autres morts seront laissés en paix à jamais. Vlad, jeune étudiant épris de la poésie de Mandelstam, propose de nous conduire à un lieu de mémoire que peu de gens connaissent : l'ancien camp où transitaient les déportés de Staline avant d'être réexpédiés dans la Kolyma. Là est mort en 1938, deux jours après Noël, Ossip Mandelstam, 46 ans. Vlad raconte que lui-même a dû se présenter ici au recrutement militaire, avant d'être expédié vers sa caserne. Il vient de passer une année entière, coupé de tout, au Kamtchatka. Parce que pianiste, il a été incorporé dans la fanfare, a survécu à l'hiver militaire sous les volcans grâce aux calmants et à la lecture de son poète. Il nous montre l'endroit présumé de la fosse commune, un parking herbeux entre de grands arbres. Drôle d'impression de fouler les morts. Svetlana Aleksievitch écrit : « Au printemps, avec la fonte des neiges et les pluies, des ossements remontent au milieu des pommes de terre. Ça ne dérange personne, on a l'habitude. Ici, les os, c'est comme les cailloux, il y en a partout. On les jette le long des terrains, on marche dessus… On les piétine. On est habitués ! Dès qu'on commence à creuser, ça grouille littéralement… »

Quand je demande à Vlad s'il connaît Svetlana Aleksievitch, écrivaine biélorusse, prix Nobel de littérature en 2015, pour laquelle j'ai une grande admiration, il me dit qu'il n'a jamais entendu son nom. Peut-être que cette autrice parle de choses qui n'intéressent plus la jeune génération : Tchernobyl, la guerre en Afghanistan, la fin de l'homme soviétique.

Dès qu'un peu de soleil revient, la ville s'anime et on se met à l'aimer. Les Chinois agglutinés derrière le fanion de leur guide font partie du décor, tout comme les avions de chasse qui la survolent à basse altitude. Malgré la topographie des rues qui se croisent à angle droit, il m'arrive de me perdre, comme je me perdais à San Francisco. À 64 mètres du niveau de la mer, sur le pont suspendu à des piliers de plus de 200 mètres, les voitures circulent toutes petites dans la lumière du soir. Le Lénine argenté, sa casquette à la main, leur fait signe.

Au bout de quatre jours, il faut penser à rejoindre le Khanka. Fanny téléphone à un certain Youri sans réussir à lui faire dire exactement quel genre de guide il sera pour nous ni où nous logerons. Qu'à cela ne tienne.

Deux trains par jour vont de Vladivostok à Spassk-Dalni sur le tracé du Transsibérien. Le nôtre s'arrête à chaque station, part à 11 heures, heure locale, mais l'horaire indique « 04.00 », soit sept heures de décalage, l'heure de Moscou étant celle de tout le parcours. Quatre voitures seulement, mais vastes, sans compartiments, avec un couloir central qui sépare des rangées de six places. En Russie, les rails sont plus écartés qu'ailleurs.

Quand le train arrive, il est pris d'assaut par des banlieusards, des militaires en permission, de vieilles paysannes et une majorité de touristes chinois qui descendront à mi-parcours. Les fenêtres n'ont que des impostes qui apportent un peu d'air quand le convoi prend de la vitesse. Près de 40 °C, on étouffe.

La voie longe d'abord le golfe de l'Amour, éponyme du fleuve Amour qui coule à quelques centaines de kilomètres d'ici et ne s'y jette pas. La côte est largement pourvue d'immeubles de logements de quinze étages datant de l'époque soviétique, peu entretenus depuis lors. On craint de les voir se lézarder d'un coup, glisser sur la pente jusque dans la mer. Les sites industriels aux tuyauteries rouillées ne sont guère en meilleur état, les routes sont de terre et d'ornières. Parfois, entre les roseaux, on distingue des familles en pique-nique sur la plage. Les gares ne portent souvent qu'un numéro. Par exemple « 32 » est le nom de celle qui se trouve à 9 232 kilomètres de Moscou, la suivante, « 29 », est à 9 229 kilomètres du terminus occidental.

À chaque arrêt, le convoi peine à reprendre de la vitesse sans de fortes secousses dues à l'état du matériel roulant. On plaint la fatigue des essieux, des attelages, des freins, des boulons des rails qui tous émettent des gémissements, provoquent des chocs jusque dans la nuque des passagers.

On est loin du confort ferroviaire dont j'avais joui pendant huit jours. C'était il y a bien quarante ans.

Après le bord de mer, la ligne s'enfonce dans le verdâtre. Des plaines de hautes herbes donnent une impression de savane africaine, on attend qu'émerge une tête de girafe. On ne s'étonne pas que le tigre de l'Amour ait longtemps rôdé par ici. Le plus gros de son espèce, il pèse plus qu'un lion. Quelques spécimens vivent encore en liberté.

De temps en temps notre train croise un convoi chargé de milliers de troncs d'arbres tirés par deux puissantes motrices électriques. Plus loin, des dizaines de wagons d'où déborde un chargement de charbon ou de minerai. Ou bien des conteneurs métalliques fermés portant les noms des compagnies maritimes du monde entier.

Par ici transitaient chaque année les 250 000 voitures japonaises, conduite à droite, débarquées à Vladivostok. Le flux s'en est tari sur ordre du président russe. À chaque arrêt, la cheffe de gare se tient derrière sa vitrine ornée de petits rideaux. Elle ne sort pas, comme si elle devait se mettre à l'abri de l'hiver sibérien. En janvier, la température peut descendre à – 40 °C.

Pour tout le train, un seul W.-C. en queue, à côté d'un compartiment réservé à la contrôleuse et aux gardes. Entre chaque gare, ceux-ci parcourent en un rapide aller-retour les quatre wagons sans tourner la tête ni à gauche ni à droite, sans se préoccuper de rien d'autre que d'être vus dans leur fonction qui devrait imposer le respect. La contrôleuse, elle, trace sur chaque billet un V au crayon. Il lui arrive de le redemander pour y vérifier sa marque.

Une fois les touristes chinois descendus, les voitures se vident, les passagers s'étirent, décollent leurs habits qui adhèrent aux banquettes de faux cuir. Quelques femmes agitent des éventails, des jeunes gens exhibent leurs tatouages. Je remarque un énorme *servo et servio*, « je garde et je sers », en latin, qui va de l'épaule au poignet, sans doute un serment de militaire. La plupart des passagers ne regardent ni par la fenêtre ni leurs voisins occupés par leur compagnon de voyage, un minuscule écran.

En quelques dizaines de kilomètres, le paysage change complètement, devient plus collineux et d'un vert diversifié. Ferdynand Ossendowski en parle dans *Asie fantôme* : « C'est une étrange contrée, où se rencontrent le Nord et le Sud. Des pins, des sapins, des cèdres et des bouleaux arctiques poussent à côté de noyers, de tilleuls et de chênes-lièges, de palmiers dimorphes et de vignes. Le renne, l'ours brun, la zibeline vivent dans la même forêt que le tigre, le boa constricteur et le loup. Sur les eaux des lacs, sur les marécages autour du lac Khanka, l'oie, le cygne et le canard du Nord se mêlent au cygne noir d'Australie, au flamant des Indes, au héron de Chine et au canard mandarin. Est-on face à une énigme ou à une facétie de la nature ?[3] » Il existe à propos de cette région une légende dont parle Vla-

3. *Asie fantôme*, traduit de l'Anglais (Royaume-Uni) par Robert Renard, Phébus, 2008.

dimir Arseniev dans *Dersou Ouzala* : une fois la Création terminée il restait une dernière terre vierge, la contrée qu'arrose l'Oussouri. Le Créateur décida donc d'y apporter un soin tout particulier, la parsema de toutes les plantes, de tous les animaux et de tous les minéraux qu'il avait dispersés sur la planète. C'est pourquoi les premiers explorateurs appelèrent cette région la perle de l'Orient.

Bien abîmée, aujourd'hui, cette perle. Tout au long du parcours, on croise plus souvent des usines en ruine et des champs en friche que des ateliers en marche et des terres cultivées. Dans les hameaux, les maisons vides sont privées de leur toit qui servira ailleurs. Pas de chantiers en vue, deux enfants désossent une serre pour en récupérer le plastique et les arceaux métalliques. Là où il y avait des cimenteries restent des cheminées éteintes et une tenace couche de gris. Les terrils sont sous la verdure, les paysages écorchés par des carrières abandonnées. Des étangs aux couleurs glauques étalent leur pollution. Des aciéries en panne saluent une nature saccagée.

La plupart des poteaux électriques sont inclinés, même ceux qui soutiennent les caténaires. Impossible de faire tenir droite une construction plantée dans un sol qui gèle jusqu'à deux mètres de profondeur. Avec le réchauffement climatique, tout se liquéfie.

Les toitures des maisons basses, fibrociment friable, mises à mal par la neige et le vent sont en général pourvues d'une échelle qui permet d'effectuer les fréquentes réparations. À moins qu'elles ne soient recouvertes d'un profilé métallique d'un bleu étincelant qui égaie le paysage. Seules choses bien entretenues autour des maisons villageoises, les fleurs de toutes les couleurs et le jardin potager.

Pour le bonheur d'un garçonnet, on croise une fois de plus un interminable convoi. L'enfant s'amuse à compter les wagons, rêve d'arriver à cent, mais non, il n'y en a que quatre-vingt-cinq.

À chaque fois qu'un passager approche de la gare où il va descendre, il se prépare avec cérémonie. Les femmes sortent leur maquillage, les enfants se soumettent à un coup de brosse de leur mère pour remettre de l'ordre dans leurs cheveux pourtant ras. Un vieux se sert d'un peigne qu'il passe dans sa moustache. Avant d'arriver à Spassk-Dalni, des miradors et des barbelés rouillés. Ils clôturent un espace qui s'étend sur plusieurs kilomètres. Était-ce un camp de prisonniers ?

À la descente du train, Youri se présente. Il sera notre guide. Sa voiture est complètement défoncée, mais comme les routes le sont aussi ça n'a pas d'importance. On l'apprendra plus tard, Youri a dirigé une ferme collective où plus de cent ouvriers gagnaient leur vie. À la fin de l'URSS, ils sont partis chercher fortune en ville ou à l'autre bout du monde, remplacés pendant un temps par des Chinois qui, quoique bons travailleurs, n'ont pas réussi à rendre l'affaire rentable. La ferme est à l'abandon, les terres en friche.

Youri est alors devenu gardien de l'une des cinq réserves naturelles se trouvant sur les bords russes du Khanka. À 65 ans, grand-père, divorcé, il vit seul dans une maison mitoyenne avec un potager où poussent des patates et quelques choux. Ses parents sont venus d'Ukraine, il est né à Sakhaline, cadet de cinq enfants. Sa mère, retournée en Ukraine, l'a invité. Là-bas, il a tenu trois jours, le lac lui manquait, dit-il. Depuis son retour, il n'a plus bougé.

Sa maison n'a pas l'eau courante, les toilettes sont au fond du jardin. Beaucoup de cadenas aux portes car son village, à trois kilomètres du lac, n'est pas un endroit de tout repos. On n'en saura pas davantage, si ce n'est que sa précédente habitation a été incendiée, sa voiture aussi. Sur le portail au-dessus de la boîte aux lettres, un fanion me fait penser que Youri est un fidèle de l'ancien régime. Il a quelques amis du côté des services secrets du FSB. À ce titre, il nous recommandera de ne pas nous approcher de la frontière chinoise comme nous l'avions envisagé. Pour appuyer ses dires, de gros hélicoptères militaires survolent sa maison. On ne plaisante pas avec la frontière, gardée sur terre, dans les airs et sur les eaux.

Youri nous propose de loger chez lui, chacun sa chambre. Il n'a pas l'air de savoir cuisiner, va chercher la femme d'un copain qui préparera une soupe. En attendant, on ira voir le lac qui envahit les terres depuis trois ans. Une large bande gagnée sur l'eau par des travaux a été inondée, il veut nous montrer ça.

Le village était protégé par des fossés qui permettaient à l'eau des zones humides de s'écouler dans le lac. Difficile de comprendre exactement ce qu'il s'est passé. Jusqu'en 1972, le village vivait au bord d'un marais. Grâce à d'importants travaux, la partie asséchée a pu accueillir la culture du riz, le tout à l'abri d'une digue. Avec l'abandon des rizières devenues non rentables, les zones humides se sont reconstituées. Les oiseaux migrateurs s'y installent à l'aller comme au retour, mais ce n'est pas la saison et ils sont de plus en plus rares. Un chemin rectiligne surélevé, bordé d'un canal, permet de traverser cette zone et d'atteindre l'ancienne digue. La voiture brinquebalante de Youri nous y mène.

18 heures, un fort vent chaud agite le lac d'une couleur brune peu appétissante. On n'est pas venus jusqu'ici pour ne pas se baigner dans le Khanka. L'air a près de 35 °C, l'eau à peine cinq degrés de moins. La vase du fond s'y mélange, la rend opaque. Fanny et moi, on se lance. Au bord de la digue, les rochers ont des arêtes vives, puis les pieds tâtent une fange visqueuse. Quelques brasses, la tête hors de l'eau, un petit tour et retour à terre. Plus tard, le long du canal, on croise une dizaine d'enfants qui poussent des cris de joie avant de plonger. Sur leur peau, une écume suspecte.

Selon Youri, l'eau est d'habitude moins trouble, mais aujourd'hui le vent l'a brassée. Il raconte qu'en hiver la glace chamboulée par les vents forme des espèces de séracs comme sur les glaciers. Ils peuvent atteindre la hauteur d'une maison de deux étages. Pour le lendemain en fin de journée, il prévoit moins de vent et la possibilité d'une sortie en bateau.

Le soir dans sa maison cadenassée, après une vodka chinoise qui brûle la gorge et l'estomac, nous discutons des raisons qui ont fait monter les eaux. Selon lui, il y aurait sous le lac des fonds mouvants soulevés par un tremblement de terre, il y a trois ans. Ces fonds seraient remontés d'un mètre, quelques mesures en seraient la preuve. Je ne trouve pas l'explication très convaincante et lui présente celle que j'ai lue dans la littérature scientifique.

Le Khanka se compose de deux lacs, un petit entièrement sur territoire chinois et, séparé par une digue, le Khanka proprement dit. En 1976, un canal a été creusé entre les deux et les eaux du petit Khanka se déversent désormais dans le grand.

La rivière chinoise Muling passe notamment à Mishan, ville industrielle de 400 000 habitants. Ses eaux non traitées sont très polluées. Pour éviter des inondations en période de crue, les Chinois ont construit sur cette rivière un barrage et un canal de dérivation qui envoie une partie du trop-plein de la Muling dans le petit Khanka. De là, les eaux se déversent dans le grand lac.

Quelque 75 % des eaux du barrage sur la rivière Muling finissent dans le Khanka. Les chiffres concernant le volume d'eau ainsi détourné sont très variables. Les Chinois parlent de seulement 0,7 km^3 par an et les Russes de 3,4 km^3.

Je fais un croquis pour illustrer en détail cette hypothèse que je juge crédible. Le Khanka a vingt-trois affluents, une seule rivière en sort pour se jeter dans l'Oussouri. Depuis 1976, plus de deux mètres d'élévation du niveau du lac et jamais de vraie décrue. Le problème vient de Chine. Youri a écouté attentivement, il secoue la tête : « Oui, c'est possible aussi, on ne sait pas. »

Le lendemain, nous visitons le musée de Spassk-Dalni. Au dernier recensement, mais c'était il y a longtemps, la ville comptait 60 000 habitants. Beaucoup sont partis, au moins la moitié, les restaurants sont vides, les rues aussi. Un employé du musée nous raconte la glorieuse épopée des gens de sa région : les colons venus d'Asie centrale, les combattants de la guerre civile, ceux de la Grande Guerre patriotique de 1941-1945, ceux de la guerre en Afghanistan, en Tchétchénie, en Syrie, toujours pour la défense des valeurs russes. Curieux mélange. Une autre salle de ce musée en ruine et que personne ne visite expose les découvertes faites autour du lac. Depuis des millénaires, des peuples ont laissé leurs traces. Les uns leurs flèches de silex, d'autres des céramiques ou des bijoux de bronze. Plus tard les Mandchous ont vénéré par ici leurs divinités. Les cosaques russes sont loin d'être les premiers installés sur ces rives.

Après cette visite, nous persuadons Youri de nous conduire à la direction des cinq réserves naturelles du Khanka. Nous y sommes reçus avec sympathie par des employés peu habitués au passage d'étrangers. Ils nous montrent des cartes qui détaillent le bassin-versant sans mentionner les réserves sur les rives chinoises. Elles sont pourtant répertoriées dans les documents internationaux. On admire des graphiques optimistes, des animaux empaillés (élans, grues japonaises, tigres de l'Amour, etc.). On regarde un film vantant la variété de la flore et de la faune, mais rien, absolument rien sur le fait que l'eau déborde de partout et menace la poursuite des activités humaines et animales autour du lac. À nos questions, pas de réponse si ce n'est : « Des experts internationaux étudient le sujet, ils donneront leurs conclusions. Pour le moment les Chinois nous disent que chez eux la situation est normale, pas de problème. Il est exact que les migrateurs sont de cinq à dix fois moins nombreux. C'est l'effet des pesticides employés dans la culture du riz, mais ils sont désormais contrôlés. »

Visiblement, les gens de la direction ne veulent pas entrer en matière. Ils fêtent cette année le centième anniversaire de la constitution de réserves naturelles en Russie. C'est en 1917, dans la première année de son hégémonie, que le gouvernement soviétique a pris cette mesure. Ici on ne parle que de cette belle invention.

En fin d'après-midi, Youri nous propose un tour en bateau. Il a fallu aller acheter de l'huile pour le moteur, puis de l'essence dans des jerrycans métalliques qui ferment mal et empestent la voiture ballottée. Aller chercher aussi le copain de Youri dans sa maison, transvaser le carburant dans des bidons plus petits, puis transporter une lourde batterie dans le canot à moteur.

En fait de bateau, il s'agit d'une simple coque de tôle peinte en vert avec deux banquettes. Devant, à côté de celui qui tient le volant, il y a place pour un équipier à l'abri d'une vitre au destin malmené. Deux passagers peuvent s'installer sur la planchette arrière. Les fils de la batterie sont à nu, ne pas les toucher, bricolage maison. Pour l'essence, le tuyau flexible passe entre les passagers de l'arrière.

Le tableau de bord se réduit à une aiguille bloquée sur un cadran.

L'embarcation une fois hissée sur une remorque, on l'attache à la vieille Toyota que Youri entretient tant bien que mal depuis plus de dix ans. Avec des bouts de corde, le rafiot est sanglé. On se munit encore de deux gilets de sauvetage et d'une lourde perche de bois qui servira à désembourber l'esquif, au cas où.

Le chemin n'est pas long de la maison de Youri au canal vers le lac. À chaque cahot, l'attelage métallique grince et craque comme s'il allait lâcher. On finit par arriver à l'endroit où une rampe de cailloux pointus permet d'immerger la remorque, d'en détacher le bateau et de la retirer au sec. Le tout non sans peine, le fond de la voiture étant resté coincé en équilibre sur la berge. On abandonne remorque et tracteur, on grimpe sur l'embarcation. Notre guide ajuste sa casquette de capitaine. Les passagers arrière, Fanny et moi, enfilent les gilets fluo. Et c'est parti.

Pas une vague sur la ligne droite du canal de drainage qui rejoint le lac deux kilomètres plus loin. Youri pousse à fond le moteur Yamaha. Sur les bords, des pêcheurs installés en famille à côté de leur voiture ont posé deux ou trois cannes. Furieux, ils regardent passer notre bolide dont les remous font valser leurs bouchons. Quand Youri arrive à hauteur de gens qu'il connaît, il ralentit pour diminuer les vagues, salue fièrement.

Au bout du canal, le canot à moteur peine à s'imposer à la forte houle. Il doit se mettre face à la vague, ça gicle sur les passagers arrière pour le bonheur du capitaine et de son adjoint. Contents de la tenue de leur esquif, ils font vrombir son moteur. Pas tout à fait notre manière de faire connaissance avec un lac. Mais pour eux, le lac se conquiert, il faut lui montrer qui est le maître. Le long de ce qui fut la rive, des bouquets d'arbres émergent à mi-tronc. Çà et là une carcasse de machine agricole immergée ou quelques mètres d'une clôture témoignent d'une catastrophe durable. Après un ou deux kilomètres parallèles au bord, on parvient à l'embouchure d'une rivière dont le delta s'est élargi. L'eau a mangé les rives. Là aussi par des touffes, des roseaux, des arbres esseulés, de petits bancs de sable, l'ancien rivage se manifeste.

Youri semble connaître par cœur le tracé praticable, assez profond pour y engager notre rafiot. Un collègue en train de pêcher sur un canot en tout point pareil au nôtre lui fait signe. Ils échangent quelques mots, sourient comme de mauvais garnements. Nous comprenons qu'ils vont faire la course, se mesurer.

Les moteurs démarrent à pleine puissance. Comme ce sont les mêmes, le seul avantage possible est le choix du tracé. Youri croit pouvoir couper un virage à la corde, mais s'accroche sur un haut-fond. On est pris dans la vase : sortir l'hélice de l'eau, continuer à la force du poignet. Le coéquipier empoigne la longue perche de bois, la plante dans la vase, nous dégage avec peine. Entre-temps le collègue est hors de vue.

Retour avec moins d'entrain pour affronter la houle. Youri, pourtant chargé de surveiller la réserve, se débarrasse d'un bidon en le jetant dans l'eau. Je m'habitue à la désolation du lieu. J'ai vu les images d'autres inondations, après de violents orages dans le sud de la France, après un ouragan en Floride. Là c'était provisoire, alors qu'ici ça dure depuis plusieurs années sans espoir de désescalade. Une sorte de déluge lent.

Déjà on s'y habitue, on trouve assez beaux ces bancs de sable en îlots où la végétation reprend pied comme quand, maladroit, on arrose trop des plantes d'appartement. Le romantisme nous a habitués à des paysages de ruine. Même la vase qui sature l'eau on la juge moins sale, faite de nuances de beige. L'horizon où se partagent le bleu du ciel et le beige ne ressemble à rien de connu, ni lacustre ni maritime, peut-être aux eaux du Gange ou à un delta de grand fleuve africain.

Retour par le canal, salutations aux pêcheurs, après quoi redescendre la remorque dans l'eau, arrimer le bateau pour le hisser, tandis qu'une bande d'enfants suit la manœuvre d'un œil goguenard. Ils habitent par ici, n'ont pas connu les terres hautes d'antan. Pour eux le lac est une surface qui monte lentement. Savent-ils qu'un jour leur village pourrait être submergé ?

Le lendemain nous décidons de visiter la rive ouest du lac. Les routes pour s'y rendre ne sont pas asphaltées. Évidents ravages du gel et du dégel. Cahots inopinés et trous inattendus obligent Youri à freiner brusquement ou à faire ce que dans d'autres sports on appelle gymkhana. Chaque voiture que nous croisons est suivie d'un nuage de poussière. Il ne suffit pas de refermer les vitres pour ne pas étouffer, il faut encore survivre pendant les deux ou trois secondes nécessaires à la traversée de l'air saturé de poussière. Notre pilote fonce à l'aveuglette. Ailleurs, la piste est creusée de sillons transversaux que les ressorts fatigués n'amortissent plus.

Au bord du chemin, une paysanne encombrée de sachets et de sacs. Youri nous demande la permission de la prendre à bord. Il trouve qu'à trois nous ne risquons rien. Sinon il ne faut jamais s'arrêter quand quelqu'un fait signe, ça finit par un couteau dans le ventre. Youri veut savoir s'il y a des étrangers dans le village de la paysanne. « Oui, bien sûr, les Chinois sont partout. On nous a asphalté la rue principale sur quelques mètres. Comme ça, c'est plus joyeux à vivre. »

Tandis que nous passons près de deux gros camions qui arrosent une étendue cultivée, Youri nous dit de fermer les fenêtres. Une forte odeur de pesticide explique sa prudence. Plus loin nous croisons un transport de bois et Youri insiste : « Par ici tout ce qui reste de forêts est coupé à ras, on ne laisse pas aux arbres le temps de repousser. » Et partout des rizières à l'abandon, des fermes en ruine.

Après avoir essayé en vain une approche par la rive sud, les routes ayant été en partie noyées, nous rejoignons la rive ouest vers le milieu de la journée. Le rivage s'y présente autrement. Plus de marécage, mais une petite falaise d'une dizaine de mètres ou bien une pente raide qui descend jusqu'à une plage étroite. Le niveau de l'eau peut monter, la plage en est amincie, mais les maisons n'ont pas les pieds dans l'eau. Sable moins fin et plus rouge que sur la rive d'en face, qu'on ne distingue pas.

Comme c'est samedi, des familles se sont installées sur la plage à deux pas de leur voiture. Elles font griller des brochettes, surveillant leurs enfants qui s'amusent dans une eau toujours brunâtre, un peu plus transparente, à peine agitée par une brise bienvenue. Les baigneurs ont déployé couvertures et serviettes de bain à côté de tas d'ordures. Nagent quelques bouteilles de plastique qui ne gênent personne. En somme, un début de week-end comme partout au bord de l'eau. On commence même à s'habituer à sa couleur entre le brun et le gris. Ailleurs les lacs ont d'autres teintes, du bleu au vert. Ailleurs, en d'autres temps…

Par ici, nous dit Youri, le fameux kaluga, qui donne un excellent caviar et pèse jusqu'à soixante kilos, se fait rare, de même que l'anabas qui peut sortir de l'eau et respirer l'air pendant huit heures avant d'y retourner. Dommage que la concentration de métaux lourds et d'autres polluants dans le Khanka y rende la vie des soixante-cinq sortes de poissons de plus en plus difficile. Conséquence, les oies, les canards, les cygnes, les grues et les cigognes cherchent d'autres routes pour leur migration.

Pas moyen de s'approcher davantage de la frontière chinoise, la route sans issue est interdite. À aucun moment nous ne verrons la rive chinoise. Rien ne permet de penser qu'elle soit plus accueillante.

L'hôtel de Spassk-Dalni où nous passons les nuits suivantes s'appelle Lotus, comme cette plante dont on sait le nom bien avant de l'avoir vue. Sur le Khanka elle fleurit à la fin de juillet, ne s'est pas encore décidée. Sur un autre petit lac près d'ici, la floraison est plus précoce. Youri propose de nous y mener. Chemins chaotiques, mais ça en vaut la peine. J'imaginais de gros nénuphars, c'est très différent. Chaque lotus de cette espèce sibérienne possède une tige droite épineuse et rigide qui part de la vase jusqu'à la surface de l'eau. Les feuilles surnagent, cinquante centimètres de diamètre, les gouttes ne s'y attardent pas et le vent les caresse de sorte qu'elles se replient toutes dans la même direction pour protéger les fleurs des courants d'air. Celles-ci ont des pétales plus grands que l'écran d'un téléphone portable, gorgés d'eau, d'un blanc teinté de rose. Selon Youri, ce lotus-là est le seul à survivre aux hivers sibériens. En été, pour attirer les abeilles, il aurait un mécanisme qui lui permettrait de produire de la chaleur. J'ai vérifié : ses fleurs ont des propriétés thermorégulatrices et ses graines détiennent le record de dormance, mille trois cents ans. On en a retrouvé de cet âge qu'on a pu faire germer. Pour admirer de près ces merveilles, Fanny n'hésite pas à s'enfoncer dans la vase jusqu'aux mollets.

Vers l'est à partir du petit lac aux lotus commence la taïga sibérienne que nous irons saluer grâce à une route taillée dans la forêt, aux bords recouverts de la poussière que soulèvent voitures et camions. À chaque fois qu'un véhicule arrive en sens contraire, même scénario pour éviter que la poudre n'entre par les vitres baissées. Les remonter puis retenir son souffle. Quand une voiture suit la nôtre, Youri la surveille dans le rétroviseur. Si elle le dépassait, il devrait ralentir pour ne pas être pris dans son panache opaque. C'est pourquoi il fonce au risque de casser ses essieux. Les passagers s'accrochent, c'est lui le maître à bord, pas question qu'il se laisse doubler par un 4 × 4. Mais à quoi bon ce combat de mâles où le moins richement équipé va mordre la poussière ?

En milieu de journée, nous arrivons à la rivière Arsenievka, du nom de son cartographe. Youri accepte à contrecœur de nous mener une trentaine de kilomètres plus loin jusqu'à la ville qui porte le nom d'Arseniev. La route qui reste à faire est pourtant goudronnée. Il nous avoue qu'il n'a jamais poussé si avant l'exploration de sa région. La dernière fois qu'il est allé à Arseniev, c'était avec ses parents il y a un demi-siècle, il avait 17 ans.

Au premier carrefour, comme le feu de la voie de droite est vert et l'autre rouge, il n'y comprend rien. Derrière lui, ça klaxonne, alors il y va. J'ai pensé à un moment d'inattention, mais comme un peu plus loin il s'arrête craintivement vingt mètres avant le feu pour repartir au rouge, je me rends compte qu'en ville il est vraiment en terre étrangère.

J'ai lu les récits d'Arseniev qui raconte ses expéditions avec le chasseur Dersou Ouzala. Je me souviens en particulier de l'épisode sur le Khanka gelé. Une tempête glaciale se déchaîne. Dersou sauve la vie de l'explorateur en construisant un abri fait de roseaux.

La ville d'Arseniev compte aujourd'hui 50 000 habitants, elle en avait 20 000 de plus durant la période soviétique. L'usine d'aviation Progress employait alors 14 000 salariés. Aujourd'hui ils sont quatre fois moins, malgré la commande de missiles passée par l'armée chinoise. Un monument au célèbre ethnologue domine la ville. Des barres d'habitation de huit étages, disséminées comme dans la plus triste des banlieues occidentales, entourent des halles vides sans grand charme. Derrière le mémorial, un gros bloc de béton décoré de symboles chamaniques, érigé plus tard pour ne pas oublier Dersou sans qui Arseniev serait mort bien plus tôt.

Au retour, arrêt en traversant la taïga. D'énormes taons tournoient autour de nous, quelques moustiques et des papillons bleus de l'envergure d'un moineau. Ils volent si vite que Fanny ne réussit pas à les photographier. Les troncs des arbres sont tous très droits : bouleaux, sapins, chênes ou autres feuillus. Le sous-bois est dense, pas facile pour chercher des champignons.

Youri désigne les cèdres de Sibérie, recherchés pour leurs pignons : pas encore la saison, les pommes de pin tombées datent de l'automne dernier. Ce cèdre serait de l'espèce des arolles qu'on trouve en Suisse, en Engadine et en Valais. J'ai vérifié : leurs aiguilles vont par touffes de cinq comme les arolles et je ne connais aucun autre pin à cinq aiguilles.

Plus tard, à l'hôtel, Fanny et moi tentons un bilan. Elle me traduit une série d'articles scientifiques russes. Depuis 1976, la partie russe du Khanka est déclarée site protégé de l'Unesco. À terme, la gestion des eaux pourrait devenir une source de tension entre la Chine et la Russie. Les accords internationaux signés ne sont guère appliqués, faute de fonds et de volonté commune.

Les programmes de protection des eaux et de l'environnement se heurtent aux habitudes des riverains qui tirent leurs revenus de l'exploitation intensive des ressources naturelles. Difficulté supplémentaire : le niveau de l'eau ne cesse de varier, rend difficile de déterminer les rives et les limites de propriété. Il faudrait étendre les territoires qui ont été déclarés réserves naturelles des deux côtés, mais cela risque de provoquer des conflits avec ceux qui vivent à l'endroit d'une éventuelle extension.

La fragmentation des responsabilités entre plusieurs provinces de pays différents rend la gestion environnementale encore plus compliquée. Pour les scientifiques, lorsqu'il ne s'agit que de faire le constat de la situation, la collaboration internationale est assurée, mais pour passer à la réalisation de certains objectifs, la volonté politique manque.

Je ne suis pas un ingénieur hydraulique. Je ne pratique que l'ingérence littéraire. Elle me permet de mettre en relation des faits qui d'habitude se tournent le dos. J'ai vu les inondations, mais aussi les terres cultivables à l'abandon. J'ai constaté l'inertie du gouvernement local malgré les avertissements des scientifiques. Je prévois que la catastrophe écologique se poursuivra. D'un côté, la Chine continuera de se soulager chez son voisin, et de l'autre ce voisin laissera la situation se dégrader puisque de moins en moins d'habitants peuplent la région. Les oiseaux migrateurs, que je sache, ne sont d'aucun poids dans les mesures qu'il faudrait prendre.

Jusqu'à quand les prospectus touristiques chinois pourront-ils appeler le Khanka « l'émeraude du Nord » ? Je voulais savoir comment deux nations s'arrangent pour gérer un bien commun, comment elles s'organisent. Je le sais maintenant, j'espère seulement qu'un jour, mais avant qu'il ne soit trop tard, les riverains se parleront enfin pardessus la frontière liquide.

FRONTIÈRES ASIATIQUES

Mer Caspienne

Être la Caspienne, c'est quoi ? Être née de la séparation d'avec les océans du monde, donc être un lac ? Être avec la mer Noire et la mer d'Aral le rebut d'une mer beaucoup plus vaste qui, au fil de millions d'années, a dû se contenter de l'apport liquide de ses fleuves, avant tout de la Volga ? Voir son eau s'évaporer, le niveau baisser, se retrouver vingt-huit mètres plus bas que la surface des océans ? Être bordée au nord et à l'est par les steppes de l'Asie centrale ? Être coincée au sud par les montagnes de l'Elbourz iranien et à l'ouest par une chaîne alpino-himalayenne qui enfante le Petit et le Grand Caucase ? Disons que c'est un système fermé autonome et complexe, rempli de phoques, de sterlets, d'esturgeons, de saumons et de cinquante espèces de poissons qui ne se trouvent que là, conservés dans un gigantesque aquarium, comme dans un musée maritime. C'est un système survolé par des goélands pontiques, des sternes caspiennes, des oies naines grises ou rieuses et des sarcelles.

Être la Caspienne à travers l'histoire des migrations, qui commence huit millénaires avant l'ère chrétienne, c'est donner naissance à des royaumes immenses ou arrêter l'expansion d'empires comme celui des Romains. Servir de patrie passagère à ceux qui deviendront les Vikings. Appartenir tout d'une pièce à l'Iran avant l'arrivée des armées du tsar vers 1820, qui s'en taillent une portion et construisent des villes. Se prévaloir de la plus remarquable, située sur un promontoire de la rive ouest, Bakou.

C'est dans cette ville, aujourd'hui capitale de l'Azerbaïdjan qu'est lancée, en 1847, l'exploitation du pétrole. Elle fait pendant, au même moment, à la ruée vers l'or en Californie. Là-bas, le « général » Suter, cher à Cendrars, en fait les frais. Ici, les familles Rothschild et Nobel profitent de l'aubaine. L'or noir et l'or tout court récrivent l'histoire du siècle. Ni la Russie ni les États-Unis ne peuvent faire face au déferlement des aventuriers de toutes sortes, chacun creusant le sol pour un nouveau trésor. Ils arrivent du monde entier avec des yeux exorbités.

À Bakou, les quatre frères Nobel, Robert, Ludvig, Emil et surtout Alfred, font creuser la couche volcanique, deviennent millionnaires, se reposent dans leur villa qui se visite aujourd'hui de l'aube à la tombée de la nuit. Ils domptent la nitroglycérine pour percer les tunnels alpins et faire exploser les écueils sous-marins du port de New York. Ils construisent le premier navire pétrolier pour aller vendre l'or noir à travers la planète, ils édifient une bonne partie de Bakou pour loger leurs ouvriers, leurs ingénieurs, font venir l'eau douce pour alimenter les pompes à incendie de celle qui est devenue la Ville noire, avec des flaques de pétrole qui prennent feu à la moindre étincelle. Pendant ce temps, les Rothschild prêtent de l'argent à tous les petits exploitants qui installent un derrick dans leur jardin.

Cet extractivisme sauvage continue au début du XXe siècle, jusqu'à ce qu'un certain Staline organise des attaques à main armée contre les banques de Bakou pour renflouer les caisses de la révolution russe. Et quand celle-ci est déclenchée, c'est Lénine en personne qui vient parler aux capitalistes, négocie avec les Rothschild pour que soit poursuivie l'extraction du pétrole dont l'Armée rouge a besoin.

À la guerre suivante, plus dramatique encore, Hitler doit à tout prix ravitailler ses avions et ses blindés. Il vise les forages de Bakou, ses chasseurs viennent en reconnaissance, constatent que la ville est minée mais l'appareil de production intact. Les bombardiers allemands n'y touchent pas. Le front germanique enfonce les lignes russes. S'il parvient à la Volga, il sera vite à Bakou, voilà pourquoi la bataille de Stalingrad fera tant de victimes. En six mois, après 1,2 million de morts militaires et civils, la route de Bakou est coupée, l'avance des nazis stoppée. La Caspienne peut souffler, utiliser les prisonniers allemands pour reconstruire ses flancs abîmés.

Être la Caspienne, c'était ne dépendre que de l'Iran et de la Russie soviétique. Mais quand cette dernière éclate, voilà que trois autres pays naissent sur ses bords. Turkménistan,

Kazakhstan et Azerbaïdjan. Bakou s'ouvre au monde, les compagnies pétrolières y envoient prospecteurs, ingénieurs, bureaucrates. Halliburton, Schlumberger, Total, BP, sans oublier ArcelorMittal qui fabrique les pipelines. Avec ses 371 000 km^2, la Caspienne pourrait être vue comme une surface qui relève du droit maritime international. En 2018, après vingt ans de négociations, les cinq pays limitrophes conviennent d'un statut hybride. Les règles des frontières maritimes s'appliquent, comme s'il s'agissait d'une mer avec ses eaux territoriales. Mais, comme sur un lac, des troupes étrangères tierces ne peuvent y croiser. Ainsi sont hors jeu les États-Unis qui rêvaient d'y établir une flotte grâce à l'amitié du président Trump avec le dictateur du Kazakhstan.

L'entente entre les cinq pays riverains permet d'envisager en commun les vastes questions écologiques. Être la Caspienne, c'est fluctuer de plusieurs mètres par siècle, s'abaisser en raison de la forte évaporation, puis s'élever à cause de la fonte des glaces de son bassin-versant. De 1929 à 1977, baisser de 3 mètres pour remonter d'autant de 1977 à 1995. Depuis lors, diminuer pour cause de réchauffement climatique. Compter par an 6,72 centimètres perdus, soit 1,68 mètre en vingt-cinq ans. Prévoir un avenir desséché comme pour la mer d'Aral, catastrophe majeure.

Se partager en trois bassins. Septentrional, à 175 mètres de profondeur en moyenne; central, autour de 325 mètres; et méridional le long des côtes iraniennes, jusqu'à 1 025 mètres. Sur la partie sud-ouest, il pleut chaque année

1,6 mètre tandis que, dans la partie orientale, la pluie se limite à 9 centimètres.

À ceux qui se demandent si la Caspienne est une mer puisque son eau est salée, il faut rappeler la définition du lac comme volume aqueux non directement en contact avec les océans du monde. La salinité, très variable, est presque nulle à l'embouchure de la Volga.

Tout ce savoir, j'ai pu me l'approprier dans les livres et sur les écrans sans avoir besoin d'aller y voir de près. Mais je tiens à m'y transporter physiquement. Le tour complet de la Caspienne me semble une expédition risquée. D'abord parce que je ne parle ni le russe, ni le farsi, ni aucune des autres langues nationales. Ensuite parce que les différentes manières de dictatures personnelles autour de cet immense lac frontalier heurtent mes convictions démocratiques. Et puis, plus de six mille kilomètres de rivage, sans moyen de transport en commun…

J'ai pourtant déjà exploré la côte iranienne. J'ai vu la Caspienne une première fois il y a une quinzaine d'années. Parti de Téhéran avec des amis pour un week-end à la mer, je n'ai trouvé qu'une eau sombre dans un climat humide où le thé se cultivait sur des pentes austères. J'étais déçu. C'était l'endroit préféré des habitants de la capitale pour se mettre au frais l'été. En trois heures de route, direction plein nord, ils passaient la chaîne côtière de l'Elbourz, panorama inoubliable de pierriers rouges, et plongeaient sur le littoral. Ils pouvaient même s'y rendre en avion. La destination la plus connue de cette côte nord-iranienne était Ramsar, ville où j'ai passé une journée.

Outre les habituelles architectures touristiques, Ramsar, 30 000 habitants, a servi de résidence estivale au shah d'Iran. Son palais se visitait encore avec le souci pédagogique des mollahs d'y exhiber le faste éhonté de l'ancien régime. Je ne me souviens que du cabinet de dentiste personnel du shah, années 1970, installé dans une chambre du palais. Il avait un air doucement désuet au début du XXIe siècle. Son luxe suranné n'attisait plus la colère du peuple. Du temps où les dentistes n'étaient qu'arracheurs de dents, le fauteuil de cuir synthétique à bascule pouvait sembler hors de prix. Aujourd'hui, il fait partie de l'équipement de n'importe quel cabinct.

Dans ce palais impérial a été signé en 1971 un accord mondial pour la protection des zones humides, la convention de Ramsar. Grâce à l'opiniâtreté de quelques ornithologues et mécènes, dont l'infatigable Luc Hoffmann, 171 pays ont reconnu pour la première fois l'importance de la biodiversité.

L'histoire de cette région jadis prospère est liée non seulement à la route de la soie qui passait par là, mais aussi à la culture du ver à soie qui s'y pratiquait. Au milieu du XIXe siècle, une maladie a exterminé ce ver et l'ouverture du canal de Suez a rendu caduque la route légendaire. La soie naturelle arrivait d'Extrême-Orient par les océans. En 1991, nouvel effondrement. Un séisme tue 40 000 habitants.

Sur le rivage de Ramsar, j'avais suivi des yeux les embarcations des pêcheurs d'esturgeons fournisseurs de caviar. La Caspienne me faisait l'impression d'une mer nordique qu'on admire au coucher du soleil sans s'y baigner. Pour revenir à Téhéran le dimanche soir, j'avais mis plus de six heures en raison des embouteillages. Je n'étais pas pressé de retourner par là. Mais pourquoi ne pas aborder la Caspienne par Bakou ?

Pour parcourir les cinq mille kilomètres qui me séparent de la capitale de l'Azerbaïdjan, je décide de sauter par-dessus ceux jadis arpentés. Je me permets d'alourdir mon bilan carbone en prenant l'avion jusqu'à Trabzon, avec escale à Istanbul. Il y a une quarantaine d'années, l'une des raisons qui m'avait fait visiter, alors en bus, cette ville turque au bord de la mer Noire venait de ce qu'elle possédait en français un nom d'une étrange sonorité : Trébizonde.

Le vol d'Istanbul à Trébizonde dure moins de deux heures. Je retrouve dans cette ville balnéaire un souvenir enfoui, celui d'un bazar où les femmes faisaient leurs courses avec une toile rêche sur la tête d'où ne dépassaient pas deux yeux, mais un seul. Désormais le bazar est un *mall* climatisé et les femmes maquillées portent des lunettes noires à la mode. Même à la gare routière, je ne réussis pas à me rappeler cet ancien voyage qui m'avait mené jusqu'au pied du mont Ararat. C'était vingt ans après le passage à Trébizonde de Nicolas Bouvier et quelques mois après un terrible tremblement de terre. Les populations locales qui avaient été déplacées de force et privées d'accès à leurs villages de montagne regardaient de travers chaque étranger, soupçonné d'être complice de ces mesures d'expulsion.

Je mets cinq heures dans un bus confortable pour atteindre la frontière de la Géorgie que je passe à pied. Et cinq autres, dans un nouveau bus, pour Tbilissi. Visite de la capitale géorgienne selon les recommandations d'une plaquette touristique dont la mise à jour en anglais tarde un peu. Une journée de repos et de flâneries et le soir, à 20 h 35, le train s'ébranle. Onze heures de voyage, destination Bakou. Un douanier garde mon passeport pendant tout le trajet. Tant qu'il fait jour, un pays riant et vert.

Après une nuit de voyage, par la fenêtre, ce n'est plus qu'une steppe où poussent des herbes rares auxquelles s'accrochent des sachets de plastique emportés par le vent du nord. Et puis la lumière éclate.

La Caspienne à l'aube, quand le soleil la fait passer du noir au bleu, offre un de ces spectacles grandioses par lequel vous est manifestée la beauté inconnue du monde. Le train de nuit rejoint le littoral à la hauteur du bourg de Gobustan, surmonté par son fameux volcan de boue. Quand la voie ferrée se met à longer le rivage, comptez encore une heure avant la gare de Bakou.

Pas un nuage, soleil éblouissant au ras des vagues. Ne pas se pencher à la fenêtre, les branches des rares arbres frôlent les wagons. Je rêvais depuis l'enfance de cette Caspienne-là au petit matin. Elle ressemble si peu à ce que j'avais vu sur la côte iranienne. Notre institutrice expliquait d'un air préoccupé que dans un million d'années cette tache bleue sur la carte toilée de l'Asie au mur de la classe, là, au nord du royaume du shah de Perse, serait effacée.

J'écarquille les yeux comme si j'allais retrouver par ici quelque chose de mystérieux. Je sais pourtant que ce n'est pas à cette hauteur du rivage, mais bien plus au nord, près de l'embouchure de la Volga, que les choses se sont passées.

À l'époque où la Caspienne n'était partagée que par deux États, l'URSS et l'Iran, les ingénieurs aéronautiques soviétiques avaient construit dans le plus grand secret un engin mi-avion, mi-navire, cent mètres de long, qui volait juste au-dessus de l'eau sans craindre les vagues. Le monstre s'appelait « ekranoplane », ce qui en russe désigne un avion à effet de sol, volant à très grande vitesse avec un rendement énergétique bien meilleur que celui d'un bateau.

Son épopée commence en 1963 sur la Volga, dans les chantiers navals de Gorki, aujourd'hui Nijni Novgorod. La construction du prototype est soutenue par le Soviet suprême et l'armée. Ses huit puissants réacteurs sont placés devant les ailes, tout en avant du fuselage, et ses deux autres propulseurs à l'arrière, de chaque côté de la dérive. Il exploite les secrets de l'aérodynamique pour augmenter la déportance sur un coussin d'air. Une fois l'oiseau géant terminé, il est acheminé sur la Volga, de nuit et avec mille mystérieuses précautions, jusqu'à sa base sur la Caspienne, non loin du delta.

Le 22 juin 1966, il est enfin amené à un dock flottant. Les officiers curieux demandent une démonstration. Rostislav Alekseïev, l'ingénieur concepteur de l'ekranoplane, propose un test sur place sans larguer les amarres. Les officiers assistent alors à un essai des réacteurs à 40 % de leur puissance. Mais déjà toutes les amarres risquent de lâcher. Paniqué, le parterre de gradés se contente de cet avant-goût. Le premier test sur la Caspienne a lieu le 18 octobre, sans décoller. À côté de cela, l'envoi d'une chienne en orbite terrestre est un jeu d'enfant. La vitesse dépasse 200 km/h sur l'eau, du jamais-vu. Le 25 octobre, après des essais en aquaplaning, le prototype est ramené à son port d'attache pour inspection. Il faut encore renforcer certaines parties du fuselage et traiter les réacteurs contre la salinité de l'eau. L'hiver se passe en mises au point, les tests reprennent au printemps et, le 14 août 1967, l'ekranoplane pour la première fois décolle de quatre mètres et atteint une vitesse de 450 km/h.

Les essais continuent à la satisfaction générale après que, par erreur, le monstre a survolé une bande de terre de deux kilomètres sans encombre. Il pourra donc aussi survoler la glace. On atteint enfin 550 km/h et une vitesse de croisière de 430 km/h. Le prototype pèse 500 tonnes et peut en transporter 150. Pendant quinze ans, il rend toutes sortes de services à l'Armée rouge. Sa stabilité et sa facilité de manœuvre exemplaires lancent la construction d'autres ekranoplanes, dont aucun n'atteindra jamais les dimensions du monstre. Et puis la fin, décembre 1980. Erreur de pilotage. Après le crash, l'unique exemplaire de l'avion géant sombre lentement au fond de la Caspienne, l'équipage s'en extrait sain et sauf.

Les ingénieurs comptent sur cette espèce d'hydravion pour transporter des troupes ou du pétrole, ou des passagers qui glisseront sur la Volga, sur les mers. Plusieurs générations de ces engins sont aujourd'hui exposées au musée de la Marine de Moscou. Les uns spécialisés dans le lancement de missiles antinavires, d'autres, d'une capacité de 500 personnes, servaient d'hôpital en cas d'accident de sous-marin. L'ekranoplane qui gît au fond de la Caspienne ne vaut-il pas le voyage ?

Le train longe des entrepôts où rouillent quelques carcasses de l'ère soviétique. Sur l'eau s'avancent des pontons filiformes qui vont rejoindre très au large des plateformes de forage. Pétrole et méthane, les deux mamelles de l'économie de l'Azerbaïdjan.

Dernier tronçon ferroviaire avant d'entrer à Bakou : taudis de banlieues, toits de tôle retenus contre le vent par de grosses pierres, touffes d'alhagi broutées par de maigres chameaux. Et toujours les sacs de plastique pour enjoliver la steppe.

Les wagons du train sont de trois types. Le plus confortable, le S/V, consiste en petits compartiments de deux personnes. Le voyage coûte alors 30 euros. La classe intermédiaire, dite le coupé, où chaque voyageur a sa couchette, est prévue pour quatre passagers. 15 euros. En troisième classe, la cabine compte six lits sans séparation avec la cabine suivante. 6 euros. Lors de l'un des nombreux arrêts nocturnes, un autre passager est venu s'installer dans mon compartiment. Il parle un anglais d'Oxford, est ingénieur sur une plateforme pétrolière, de nationalité azérie, la quarantaine, une barbe noire de hipster et un after-shave pénétrant. Non, il n'a jamais entendu parler de l'ekranoplane géant ni d'aucun autre de ces drôles d'oiseaux. Il se plaint en revanche des misères de la langue azérie. Au cours du XXe siècle, elle a été retranscrite par trois alphabets différents : arabe, latin et cyrillique, au gré des invasions et des occupations. La langue vernaculaire, proche du turc, a d'abord reçu une nouvelle graphie à la fin de l'Empire ottoman. Les Soviétiques ont introduit les caractères latins avant de se raviser et de passer à une transcription cyrillique, abandonnée à la fin du XXe siècle pour un retour à la manière occidentale. « Nous avons été privés de notre littérature », se lamente l'ingénieur, avant de demander un chewing-gum pour remplacer le café du matin qui tarde à être servi.

Je m'entretiens non pas de pétrole, mais de caviar sauvage. L'Azéri me recommande une boutique au marché de Bakou. Là se trouve le meilleur, celui qui vient des esturgeons iraniens. Il signale que, depuis le début du XXe siècle, le volume hialeutique en mer Caspienne a été divisé par dix. La pollution empêche les esturgeons de se reproduire.

La banlieue n'en finit plus. Bakou, avec ses 2,2 millions d'habitants, loge le quart du pays. Aux aiguillages, des femmes aux gilets orange de cheminot trempent leur brosse dans un seau de pétrole, grattent les leviers, astiquent les rails. Pétrole partout. L'ingénieur me donne son numéro de portable, dit qu'il essaiera de faire visiter sa plateforme au voyageur au long cours, mais que sa compagnie, British Petroleum, est plutôt paniquée par le terrorisme et la sécurité.

Arrivée pile selon l'horaire, à 7 h 20.

La gare en cul-de-sac de Bakou, énorme bâtiment d'architecture soviétique à la mode locale, vient d'être rénovée. L'ingénieur est attendu par un chauffeur, voiture sombre, air mafieux. Il propose de me déposer à l'hôtel, m'en recommande un autre pour le lendemain. Il commence sa journée de travail en changeant de langue au téléphone. Pendant le trajet, fortement ralenti par les embouteillages du matin, il désigne les endroits qu'un touriste doit absolument visiter : le musée d'Art moderne, le centre culturel et le musée de la Littérature. Devant l'hôtel, mon compagnon de voyage prend congé avec une belle ironie anglaise : « Si j'apprends quelque chose à propos de votre monstre, nous irons ensemble nous jeter dans sa gueule. »

Quand on se promène le long du littoral de Bakou, sur le *boulvar*, on pourrait se croire à Thessalonique sur l'avenue Nikis face à la Méditerranée. Ici c'est la tour de la Vierge, 28 mètres de haut et 16 mètres de diamètre, dont la base daterait du VIIe siècle avant Jésus-Christ, là-bas c'est la tour Blanche, 34 mètres de haut et 23 mètres de diamètre. Cylindriques toutes deux, elles terminent les remparts face au front de mer, constituant le dernier refuge en cas de siège. Comme à Thessalonique, on se balade sans fin sur le *boulvar* aménagé par les magnats du pétrole, on profite de la brise du large, des terrasses des cafés. Les Bakinois y descendent le soir pour admirer les centres commerciaux climatisés, les statues modernes d'un goût douteux, les anciens palais de ceux qui ont fait fortune dès le premier forage et la maison où le général de Gaulle a dormi en 1944 avant de rencontrer Staline. Sans parler de tous les portraits du président, fine moustache hitlérienne, réputé dictatorial et fils du précédent.

On peut aussi monter sur des bateaux bondés pour un petit tour au large, d'où embrasser la silhouette de la ville étalée sur un flanc de colline, à la manière de Thessalonique toujours. C'est plus intéressant que le panorama depuis le sommet des tours rondes. À la différence de la ville grecque, à Bakou on ne croise comme étrangers que les ingénieurs pétroliers dans des pubs spécialement conçus pour leurs bruyantes soûleries.

Le bateau que je prends le soir pour voir le soleil se coucher derrière la colline me permet de mieux comprendre les points de repère du paysage : la tour de la télévision, la grande roue, les trois Flame Towers, buildings cambrés aux façades bleues, les pentes du cap Baïlov qui ne s'écrit pas *By Love*. Au lointain, à peine visibles, trois petites îles.

La nouvelle chambre qui m'a été conseillée est dans la vieille ville, appelée la Forteresse. Aucun chauffeur de taxi n'a jamais entendu parler de cette adresse. D'ailleurs, les ruelles sont trop étroites pour les voitures. Accueil sympathique, calme assuré, climatisation. Pas de petit balcon, mais une terrasse sur le toit au quatrième étage avec son restaurant et son bar ouvert nuit et jour. De là-haut, j'admire la Caspienne, et je lis *Le Persan* d'Alexandre Ilitchevski, sous un parasol aux couleurs de l'arc-en-ciel. Le roman, écrit par un Azéri de langue russe, rend compte avec éclat de l'histoire de Bakou et des manigances des pétroliers. Il n'est guère encourageant quand il parle des exilés de la fin de l'Union soviétique : « Pour la civilisation, la Caspienne est en Sibérie, rien à en espérer. Ceux qui sont partis en Occident, ce n'est pas tant pour fuir la cruauté et l'injustice que pour se mettre à l'ombre de la civilisation.[4] » On peut aussi lire *Le Flambeur de la Caspienne*, le roman de Jean-Christophe Rufin, véritable déclaration d'amour à Bakou.

Le garçon du bar, Rachad, raconte l'histoire de son père. Sa femme et ses six enfants vivaient sur l'île Pirallahi. Une nuit, une tempête inattendue s'était déchaînée. Le père travaillait sur l'une des stations de forage éloignée, reliée à l'île par une longue estacade. Les vagues submergeaient la plateforme, arrachaient les pontons. Ordre d'évacuer tout le personnel. Quelques bateaux sortis en mer ont tenté de s'amarrer à la plateforme, impossible. Nouvel ordre : évacuer par l'estacade. L'eau glacée balayait le passage branlant, les plaques métalliques du tablier s'arrachaient sous les pieds des fugitifs affolés. Le piège s'est refermé, la plupart des hommes se sont noyés dans la nuit. Le contremaître du père a refusé les ordres, emmené son équipe vers une zone où l'eau était plus profonde et donc les vagues moins

4. *Le Persan*, traduit du Russe par Hélène Sinany, NRF Gallimard, 2014.

hautes. Au fil de ses années de travail, il avait remarqué ce secteur aux vagues moins violentes. Vingt-quatre heures plus tard, les sauveteurs ont recueilli le contremaître, le père et quinze autres hommes sur cette passerelle à moitié submergée qui tremblait sous les coups de la tempête.

Rachad connaît la région mais n'a jamais entendu parler du monstre de la Caspienne. Il veut savoir d'où je viens, ce que je compte faire. Je dis que j'irais volontiers jeter un coup d'œil à Astrakhan, en Russie, sur le delta de la Volga dont le flux représente les neuf dixièmes de l'eau douce qui se jette dans la Caspienne. J'avais eu l'occasion de voir la majesté de ce fleuve lors d'un voyage vers la Chine, il y a un demi-siècle. C'était à Nijni Novgorod puis à Kazan, une fantastique masse d'eau, large comme le lac de Zurich, mais en mouvement. J'imagine ce que doivent être les paysages du delta. Je réserve ça pour un autre voyage. Pour le moment, je projette la traversée vers le port de Turkmenbashi dans le Turkménistan, où se trouvent les plus belles plages de sable de la Caspienne. La plus grande largeur de la mer est de 435 kilomètres, le bac met douze heures pour en parcourir un peu plus de 200. Rachad se montre plus que sceptique.

J'ai emporté *Bakou, derniers jours* d'Olivier Rolin, où je lis le compte rendu de sa traversée. L'écrivain français raconte son angoisse de l'attente du bac pour revenir à Bakou. Il me fait comprendre qu'il vaut mieux renoncer au projet par bateau. Par la route, ce serait plusieurs jours et des passages de douane aléatoires. Reste l'avion. Mais à quoi bon survoler la Caspienne sans profiter de sa vie maritime ?

Autre projet : un porte-conteneurs qui ferait escale au Kazakhstan. Contacté par téléphone, l'ingénieur pétrolier rencontré dans le train saura peut-être comment rejoindre la rive orientale par voie de mer. Lui aussi se montre peu engageant, déconseille tout voyage maritime sur la Caspienne. Ensuite il s'excuse de ne pouvoir accueillir un étranger sur son lieu de travail hautement sécurisé. Je le remercie pour le sympathique hôtel qu'il m'a recommandé. Et nous en restons là.

Rachad se propose comme guide pour explorer Bakou et la péninsule de l'Abşeron. Il prendra un congé ; ça lui plaît de montrer à un étranger les trésors de sa péninsule. « Une fois que tu auras compris ce qu'est cette ville, tu n'auras même plus envie d'aller ailleurs. » Et peut-être trouvera-t-il quelque vieil ingénieur qui pourrait nous renseigner sur l'histoire de l'ekranoplane.

Le pétrole est partout. À commencer par le temple du feu à quelques kilomètres à l'est de la ville. La construction date d'avant l'ère chrétienne. Les pèlerins indiens disciples de Zoroastre s'y rendaient quand ils parcouraient la route de la soie. Il se dresse au centre d'un ancien caravansérail, une flamme de méthane brûle en son milieu. Elle était perpétuelle et surnaturelle, Alexandre Dumas est venu l'admirer. Mais en 1890, d'un coup, elle s'est éteinte à cause de forages pétroliers à proximité. Ils avaient attenté aux dispositions divines, explique Rachad avant de mener l'Européen ébahi à un endroit où une flamme de trois mètres de haut, inextinguible celle-là, sort de terre tel un geyser de feu. « Avec la neige, c'est encore plus merveilleux », dit Rachad.

Sur la côte nord de la péninsule, les Soviétiques ont laissé en friche, après leur départ, le plus grand complexe pétrochimique de l'URSS. Les 300 000 habitants ne s'en sont toujours pas remis. Ils errent dans la zone industrielle en ruine, tuyauteries rouillées, chaudronneries, wagons-citernes, pylônes sans usage, paysage dévasté, pollution.

Pour une vision moins glauque de Bakou, Rachad me fait visiter le quartier édifié par les frères Nobel autour de leur résidence, villa Petrolea, années 1880. Un parc, un arboretum, des bungalows sur pilotis au bord de l'eau, que les locaux appellent *rezeroums*, pour *reserved rooms*, réservés aux employés en mission de la société Nobel Frères.

Mon guide tient à m'expliquer que le nom Azerbaïdjan signifie « terre de feu », voilà pourquoi les trois monstrueuses tours de bureaux sur la colline au-dessus de la vieille ville ont la forme de trois flammèches. Ce serait en rapport avec la légende de la vierge-pétrole, une jeune fille impossible à attraper, enduite de naphte des pieds à la tête. Elle glisse entre les bras quand on l'étreint. Et quand elle se libère de l'importun, elle craque une allumette, la jette sur lui et il flambe. Rachad dit qu'on trouve chaque année de nouveaux cadavres calcinés sur les jetées où se promène la nuit la vierge-pétrole.

Au début du XXe siècle, la moitié du pétrole mondial venait de l'Azerbaïdjan. Aujourd'hui encore, les derricks sont omniprésents. Chevalets de pompage en mouvement, ils ont le profil d'un chacal à grandes oreilles et laissent planer sur la ville cette odeur particulière, âpre et enivrante, avec des nuances d'oléandre, de brochettes de mouton, d'acacia blanc, d'asphalte et d'or noir.

Sous le parapet du *boulvar*, de petites bulles viennent crever à la surface de l'eau, striée de lignes grasses, encore le pétrole. Même Lénine le disait à la 11e armée russe : « En cas de défaite, se préparer à incendier Bakou, car cette ville, c'est le pétrole, la lumière et l'énergie. »

Au large, juchée sur de gigantesques pattes, une plateforme de forage crache le feu de sa gorge. Elle est reliée sous l'eau au terminal pétrolier de Sangachal, camp retranché, entrelacs de conduites et de réservoirs où transitent les pipelines vers l'Europe.

« En hiver, dit Rachad, le vent est si violent que je dois amarrer les tables sur ma terrasse pour qu'elles ne s'envolent pas. Quand souffle le *khazri* venant du nord, puissant et froid, les vagues peuvent atteindre huit mètres. Il n'y a plus guère que des Anglais qui traînent. Expulsés du Finnegan's, ils remplacent les ivrognes soviétiques. »

Rachad termine notre expédition par les hauts de Bakou, au cimetière national où conduit le funiculaire. Il pense que ceux qui sont nés à Bakou devraient s'y faire enterrer. Ainsi du joueur d'échecs Garry Kasparov dont le tour n'est pas encore venu. Quant à Mstislav Rostropovitch, le violoncelliste, il est bien né ici mais sa tombe est à l'étranger, honte à lui.

Nous passons devant le palais du gouvernement, mélange de style vénitien et stalinien, admirons un minaret côtier dont la pointe a servi d'amer aux envahisseurs, aux caravanes et aux porte-conteneurs.

Comme j'évoque une dernière fois les ekranoplanes, Rachad annonce qu'il s'est renseigné. Pendant la guerre froide, les Américains avaient établi des stations radars chez le shah d'Iran pour surveiller la Caspienne. Mais ces drôles d'oiseaux volaient au-dessous du niveau de détection. Le Pentagone a dû attendre l'ère des satellites espions pour découvrir une grande traînée blanche balafrant la Caspienne. C'était l'écume de l'ekranoplane. Et comme les militaires ennemis ne savaient toujours pas de quoi il s'agissait, ils ont décidé d'appeler ce mystère le monstre de la Caspienne.

FRONTIÈRES AMÉRICAINES

Lac Titicaca

Baïkal, Tanganyika, Malawi, Ourmia, Kivu, Shikoku : chaque nom de lac a sa mélodie, mais celui dont la sonorité reste la plus enfantine est le Titicaca. La Bolivie et le Pérou se le partagent à une altitude de 3 800 mètres. Son nom, qui signifie « roc du puma » en aymara, lui vient d'un rocher situé sur son île du Soleil.

Le plus grand apport d'eau dans le lac provient du Pérou, les principales rivières qui l'alimentent ont des noms qui chantent doux : Río Ramis, Río Huancané, Río Coata. Par l'intermédiaire du Río Desaguadero, le Titicaca se déverse dans les lacs Uru Uru et Poopó. Sur l'Altiplano, comme l'altitude rend l'air sec et que le soleil tape dur, une bonne partie de l'eau du lac s'évapore. Le débit de l'émissaire d'écoulement ne s'élève qu'à 7 % des apports totaux. Tout le reste disparaît, soit chaque année une colonne d'eau d'un mètre et demi sur toute la surface, ce qui est considérable pour un climat froid.

Heureusement, entre le Pérou et la Bolivie, du moins sur ce point, l'entente s'est faite dès 1955 par un accord pour « une propriété indivisible et exclusive des deux pays sur les eaux du lac », un cas très rare pour la gestion partagée d'un bien commun international. Chacun s'occupe des rives sur son territoire, mais l'eau appartient aux deux. Trois millions d'agriculteurs en dépendent pour l'élevage des lamas, pour la production agricole en général et celle du quinoa en particulier.

Il y a un demi-siècle, j'étais déjà passé par là. Je n'étais pas en vacances, mais en voyage. C'est-à-dire chaque nuit un autre oreiller, chaque repas une fourchette différente, chaque café une nouvelle odeur, chaque ciel des nuages uniques, chaque sourire un autre passant. Le changement perpétuel oblige à rester attentif parce que le moindre instant sera sans pareil. Quand je suis venu cette fois-là au bord de ce lac, je ne me posais pas la question d'y revenir. Jeune voyageur, j'imaginais sans doute que, si j'en avais le désir et les moyens, je pourrais revoir l'endroit aussi souvent qu'il me plairait. J'arrivais sac au dos de Puno sur la rive péruvienne. J'étais passé à pied par le Machu Picchu. J'avais pris un bateau pour l'Isla del Sol en Bolivie. Cette île du Soleil s'appelait d'abord Isla Titikaka parce que c'était là qu'était née la mythologie des Incas. Les archéologues y ont attesté la présence humaine depuis au moins cinq millénaires.

Je me souviens des hommes et des femmes habitant sur l'île. Ils portaient tous des chapeaux de feutre noir à larges bords pour s'abriter du soleil de l'Altiplano. Les terrasses dans la rocaille étaient aménagées pour l'agriculture. J'avais aussi repéré des troupeaux de vaches qui semblaient vivre toute l'année les sabots et les pattes dans l'eau, à brouter des algues. J'étais resté quelques jours à Puno, le temps de découvrir les îles flottant sur des roseaux. On m'avait alors expliqué que ces plantes pourrissaient vite, c'est pourquoi il fallait en permanence entretenir les flotteurs en coupant de nouveaux roseaux. Ceux-ci servaient en outre à la confection des pirogues que les pêcheurs indigènes maniaient adroitement. J'avais été séduit par la vie paisible, presque idyllique – on n'est pas sérieux quand on a 27 ans. Lorsque des amis partaient pour l'Amérique du Sud, j'avais coutume de leur vanter la beauté du Titicaca, le bleu appuyé de son ciel, son climat sec et vivifiant, sa nourriture, sa musique. Je suis content d'avoir visité le site à cette époque, quand le tourisme ne l'avait pas encore rempli à ras bord.

Dernièrement, alors que je faisais un long voyage de la Patagonie à l'Alaska, je suis de nouveau passé par La Paz où j'ai de jeunes amis qui travaillent au service du gouvernement bolivien. Ils m'avertissent que le Titicaca n'est plus l'endroit idyllique que j'ai gardé en mémoire. À cause de l'évaporation intense due au changement climatique, le Titicaca s'est rétréci par endroits de deux kilomètres. Les millions d'habitants qui dépendent de son eau se trouvent dans une situation catastrophique. C'est la pire sécheresse depuis quatre-vingts ans. Les pluies attendues ne sont pas arrivées, le sol se dessèche et se craquelle, et les températures diurnes sont hors de contrôle. L'autorité binationale autonome du lac, qui représente le Pérou et la Bolivie, est impuissante devant l'ampleur du désastre. Le niveau du Titicaca a baissé de 2,5 mètres. Les dix millions de têtes de bétail et d'alpagas sont mal nourris. La production des tubercules a chuté de moitié. Des milliers de personnes sont contraintes d'émigrer vers les villes des alentours, ou plus loin sur la grande route de la transhumance, qui envoie l'Amérique du Sud en direction de celle du Nord. S'ajoute à la sécheresse l'augmentation de la pollution en raison de l'activité minière dans le bassin-versant. Arsenic, plomb, mercure, cuivre tuent la faune et mettent en danger la biodiversité. Les dernières grenouilles géantes sont menacées. Le lac reçoit 400 000 tonnes de poubelles sans traitement par an, et les rares stations d'épuration manquent de capacité.

Malgré les mises en garde de mes amis, je décide de passer un jour au bord du lac côté Bolivie, avant de continuer vers le Pérou. De La Paz, je prends un bus pour Copacabana à 150 kilomètres de là. Non pas la luxueuse plage près de Rio, mais une petite ville de 6 000 habitants à cinq kilomètres de la frontière péruvienne. Je découvre un paysage désolé, les eaux qui se sont retirées laissent à l'abandon des pédalos multicolores imitant des canards de Disneyland. Les déchets puants me découragent de faire une promenade.

Je renonce aussi à retourner sur le lac pour une expédition touristique autour des îles flottantes où vivent les derniers enfants indigènes prêts à se faire photographier. La légende veut que le premier Inca ait surgi des eaux du Titicaca, mais la dernière descendante des Indiens Uros est morte en 1959. Seuls les archéologues sont encore à la recherche des feuilles d'or et des crânes de lamas qui servaient d'offrandes confiées au lac dans la civilisation de Tiwanaku, entre le VIe et le XIIe siècle.

Je retourne à l'hôtel Wendy Mar dont la silhouette rose ressemble à un gâteau d'anniversaire abandonné sur une nappe sale. Je passe la nuit à grelotter dans une chambre glaciale. Le lendemain, à l'aube, je décide de gravir la colline du Calvaire qui devrait m'offrir une vue dégagée sur le Titicaca et l'île du Soleil.

La montée est rude et mon souffle à cette altitude est comme encombré. Mais ce n'est rien : les escaliers du Cerro Calvario, qui débutent près de l'église par quatorze stations du chemin de croix, seraient faciles s'ils n'accumulaient pas une telle quantité de bouteilles vides et de déchets. On dirait que toute l'Amérique latine est venue se soûler par ici. Il me semble gravir une montagne de verres, de canettes et de sachets de plastique, sans compter les langes et autres immondices. Sur la plateforme terminale, la vue sur la baie et les îles dans le soleil levant réussit à me faire oublier pour un moment le décor au sol. Je ne reste pas longtemps. Je préfère profiter du petit matin pour arpenter la grande place devant la basilique blanche. Elle a été construite en 1550 par les Espagnols soucieux d'imposer leur religion en plus de leur puissance militaire. Ici, rien n'a changé depuis mon dernier passage il y a cinquante ans. La statue aux traits indigènes de la Vierge, sculptée par Francisco Yupanqui au XVIe siècle, est toujours enchâssée au-dessus de l'autel. La sainte patronne du pays est vénérée par les Boliviens comme par les Péruviens. Elle ne doit jamais sortir de la cathédrale sous peine, dit-on, de provoquer un cataclysme et de faire déborder le lac. Deux fois par jour sur le parvis de l'église, des fidèles viennent faire baptiser leur automobile par un prêtre pour s'assurer de la protection divine.

Le ciel est d'un bleu soutenu, sans un nuage. Le froid mordant et la légère bise n'arrangent rien. Pour la fin du carnaval, des marchands se sont installés sur la place et vendent des brassées de glaïeuls rouges. De jeunes femmes indigènes les achètent avant d'entrer dans l'église en tenant la gerbe serrée contre elles comme si elles prenaient soin d'un enfant. Je les suis à distance. Elles déposent les fleurs au pied de l'autel où elles se prosternent avant de s'abîmer dans le silence. Même si le sentiment religieux ne m'a jamais étouffé, leur dévotion m'émeut. En ressortant sur la place, sans doute à cause du froid des Andes, je sens comme une larme couler le long de ma joue. Avec la sécheresse de l'air en altitude, elle ne tardera pas à s'évaporer comme l'eau du Titicaca.

Grands Lacs américains

La dernière fois que je suis passé à Toronto, c'était au retour d'un voyage solitaire à travers l'Alaska, la Saskatchewan et le Manitoba. Je me souviens du siège de la Compagnie de la baie d'Hudson qui avait construit sa richesse sur l'exploitation des tribus autochtones. L'austère bâtiment de six étages semblait abriter à la fois des bureaux et des ballots de fourrures. J'avais aimé aussi, sur la paroi bleue de l'Art Gallery of Ontario (AGO), un petit escalier extérieur en colimaçon. Et aussi les gratte-ciel qui surplombaient la gare centrale. J'avais passé trois nuits au vingtième étage de l'un d'entre eux. Mon souvenir le plus exotique concernait un grand bateau de passagers Belle Époque peint en blanc. Il ressemblait à s'y méprendre à l'un des bateaux à vapeur historiques qui transportent les touristes sur le Léman.

La comparaison s'arrête là. Le lac Ontario sur la rive duquel se trouvent les buildings de Toronto est large de

80 kilomètres quand, sur le Léman, l'éloignement des rives opposées n'en dépasse pas 13. Le souvenir de trois jours à flâner dans la métropole m'avait donné envie d'y retourner. J'étais fasciné par la longueur de la frontière entre le Canada et les États-Unis. J'ai eu envie de la suivre non plus depuis le sud comme cela m'était déjà arrivé plusieurs fois, mais du côté canadien. J'allais être confronté à de nouvelles dimensions, à l'échelle de tout un continent.

Les Grands Lacs américains dessinent une géographie particulière. Ils sont cinq, lacs accrochés l'un à l'autre au milieu du continent nord-américain et qui s'appellent Grands Lacs. Ils ressemblent à des estomacs de vache, reliés par des tubes digestifs. Entre le Nord canadien et le Sud états-unien, ils représentent la frontière la plus longue entre deux pays : 8 893 kilomètres. Tout à l'est, le lac Ontario se déverse dans le Saint-Laurent qui rejoint l'Atlantique. Au travers des chutes du Niagara, ce lac reçoit les eaux du lac Érié, qui reçoit celles du lac Huron, qui reçoit celles du lac Supérieur, le dernier, le plus grand. À ces quatre s'en accroche un cinquième, le lac Michigan, aux eaux tout entières états-uniennes. À eux seuls, les Grands Lacs représentent 20 % de la réserve d'eau douce mondiale. Ordre de grandeur impressionnant par rapport au Léman qui n'a qu'une superficie de 580 km^2 et un volume de 83 km^3, alors que le Supérieur compte 82 350 km^2 et 12 232 km^3.

L'ensemble de ces lacs s'écoule dans l'Atlantique. Mais sur la rive ouest du lac Michigan, non loin de Chicago, se trouve la ligne de partage des eaux, *continental divide.*

À partir de là, les eaux se déversent dans le Mississippi et finissent dans le golfe du Mexique. Pour s'assurer une réserve d'eau douce dont les États-Unis ont grand besoin, ce fleuve est relié aux Grands Lacs. Il a suffi d'un canal pour inverser le cours des eaux. J'ai compris plus tard ce que cette irruption humaine dans l'équilibre hydraulique de tout un continent avait pour effet dévastateur.

Étudier la géographie sur un plan et l'affronter physiquement sont deux choses différentes. J'ai beau me préparer par des textes et des images à la présence sur site, l'inscription de mon propre corps dans l'espace à visiter reste primordiale. L'imagination n'épuise pas le réel. Je visualise les 2 500 kilomètres que je vais parcourir de Toronto à Winnipeg dans le Manitoba et je me réjouis de les confronter à une vérité toute physique.

Le lac Ontario qui, en iroquois, signifie « lac aux eaux étincelantes » a d'abord été appelé lac Frontenac par des Européens qui prétendaient être les premiers à venir s'y installer en 1703. Depuis lors, les eaux du cadet des Grands Lacs ne sont plus très propres, en raison surtout des milliards de microbilles de plastique qui le polluent. Grâce à des pompes à chaleur, sa fraîcheur permet à la ville de Toronto, cinq millions d'habitants, d'alimenter son système de climatisation.

Tout au long de ce voyage, je constaterai souvent que les villes et villages qui bordent les Grands Lacs leur tournent le dos. À se demander si les riverains ont conscience que le lac peut être autre chose qu'un obstacle qui dissuade les routes de continuer tout droit. Ainsi à Toronto, à propos de Yonge Street, large avenue perpendiculaire au rivage, cette plaisanterie : le lac n'est là que pour empêcher les États-Uniens d'envahir Yonge Street avec leur voiture.

Arrivant d'Europe et d'un pays qui aime ses lacs, je choisis pour ma première nuit un hôtel « avec vue ». Par la fenêtre, au quinzième étage de Westin Harbour Castle, j'aperçois la bande de terre qui ceinturait un lagon. En 1850 un ouragan l'a percée, elle s'est morcelée en une série d'îles reliées ensuite par des ponts. Ainsi sont nées les plages de la ville. Je les rejoindrai par bateau.

À cause du décalage horaire, je suis debout à 6 heures. Le Financial District s'éveille. Pour y accéder à pied, je passe sous l'autoroute et sous les voies de chemin de fer. La librairie Indigo et les musées n'ouvrent qu'à 10 heures. Je traverse un parc. Je traîne dans la ville encore ensommeillée. Les sans-abri dorment au pied des vitrines des commerces de luxe. Je retrouve dans un café le goût du sirop d'érable sur une gaufre. Plus tard, je visite l'AGO avec son petit escalier gris sur sa façade d'un bleu pétant. Je me perds dans la succession des salles où sont accrochées les œuvres des artistes canadiens de ces deux derniers siècles. Une bonne introduction à la manière dont les pionniers blancs ont apprivoisé le rude climat canadien : peu de lacs, mais des paysages neigeux ou automnaux.

En fin d'après-midi, je débarque dans les Toronto Islands, après vingt minutes de bac sur un lac gris à perte de vue. Depuis les jetées de bois qui s'avancent vers le large, inutile de chercher à voir la côte d'en face. Même si la brume ne la cachait pas, la rotondité de la Terre la ferait disparaître au regard, je ne saurais voir la rive des États-Unis. Plus tard à la nuit tombée, de jolies lumières dansent sur l'eau et les musiques des bateaux de fêtards sont portées au loin.

Puis soudain, un déluge céleste continu s'installe. La pluie s'infiltre partout, aucun passager ne reste sec. Où que l'on s'abrite, les trombes d'eau vous atteignent. J'attends que ça passe en consultant les notices pédagogiques. En 1797 la capitale du Haut-Canada est passée de Niagara Falls à York, devenue Toronto. En 1812, les troupes des États-Unis ont pris York, l'ont rasée. Avant la Seconde Guerre mondiale, 80 % de la population était anglo-celtique, aujourd'hui tout juste 50 %. C'est peut-être ça qui rend la ville riante et cosmopolite.

La pluie torrentielle dure, je me mets en maillot de bain. Sur une affiche, je détaille la liste des poissons désormais plus ou moins comestibles et les recommandations de consommation sur trois colonnes : pour les adultes, pour les femmes enceintes et pour les enfants de moins de 15 ans. Pour certaines espèces, il est préférable de ne jamais les manger. Les adultes en bonne santé peuvent consommer jusqu'à huit fois par mois des poissons moins intoxiqués. Il est recommandé de privilégier les petits poissons, sans en abuser.

Finalement, malgré les trombes d'eau, les passagers quittent le débarcadère et s'égaient en petite tenue, comme des Iroquois sur les trottoirs de Toronto. Je regagne ma chambre et, dans la nuit par la fenêtre, je sursaute, admiratif, à chaque éclair qui se reflète dans les eaux noires du lac.

Le lendemain, je pose ma petite valise dans une voiture de location. Chaque fois que je peux, je choisis une Chevrolet ou, comme on dit par ici, « *a Chevy* ». Louis Chevrolet, Blaise Cendrars et Le Corbusier sont nés presque en même temps à La Chaux-de-Fonds, ma ville américaine en Suisse. La biographie du constructeur automobile, migrant magnifique, m'a toujours fait rêver. J'ai même été sur sa tombe à Indianapolis.

Pour rejoindre les chutes du Niagara, ma Chevy met deux heures à travers le « fer à cheval doré », référence à la richesse de ses habitants. J'ai retrouvé le voyage de Chateaubriand dans *Mémoires d'outre-tombe* : « J'ai vu les cascades des Alpes avec leurs chamois, celles des Pyrénées avec leurs isards [...] Niagara efface tout [...] Je ne pouvais communiquer les pensées qui m'agitaient à la vue d'un désordre si sublime. Dans le désert de ma première existence, j'ai été obligé d'inventer des personnages pour la décorer [...] Ainsi j'ai placé des souvenirs d'Atala et de René au bord de la cataracte de Niagara. »

Et aujourd'hui, quels sont les personnages qu'il faudrait y placer ? Des amoureux en lune de miel ? Ou cette cohue de pauvres touristes qui endossent des pèlerines de différentes couleurs en fonction de l'endroit qu'ils veulent visiter ? Rouges, bleues ou vertes. De loin je les vois s'agglutiner.

Dans le paysage de Chateaubriand, il faudrait aussi que je place mon personnage : un voyageur venu d'Europe, plutôt maigre, grisonnant, légèrement voûté, avec des baskets et un jean, qui sort de temps en temps de sa poche un calepin noir fermé par un élastique auquel est accroché un stylo. C'est là qu'il consigne ce qu'il a sous les yeux et parfois même des remarques peu aimables à propos des pèlerines colorées de la cohue des touristes.

Les États-Unis commencent au-delà du Rainbow Bridge. La rivière Niagara contourne une île. D'un côté, elle s'abîme dans les American Falls, moins spectaculaires ; de l'autre, canadien, c'est Horseshoe Falls, en demi-cercle. Ici c'est la rumeur de mille chasses d'eau simultanées. Le bruit des nuages d'écume jusqu'à des centaines de mètres, un arc-en-ciel dans les gouttelettes, des cormorans sur leur rocher, des mouettes courageuses. La puissance de l'eau provoque des nuances de vert, de bleu, de blanc et de turquoise. Je comprends Chateaubriand qui parle de sublime. Ça vous laisse sans voix, juste un peu mélancolique.

En contrebas, là où le Niagara reprend son cours, la mousse est polluée. Je contemple l'organisation des parcours forcés pour le bétail humain. Louis Tussaud's Waxworks, Captain Jack's Fun Center, carton-pâte, carrousels pour adultes, éclairages puissants, n'en jetez plus, je m'en vais.

Je sais que des couples se ruinent pour venir ici en voyage de noces. Pour un pauvre selfie sur fond d'écume, ils cassent leur tirelire, prolongent leur baiser, leur sourire béat pour avoir enfin le cliché juste, celui qui restera encadré afin que même leurs petits-enfants sachent que, à ses débuts en tout cas, leur mariage fut heureux.

Je descends la rivière jusqu'à Niagara-on-the-Lake, « la ville du XIXe siècle la mieux préservée en Amérique du Nord », dit un panneau à l'entrée. Antiquaires, cafés à l'ancienne, robes à froufrou. Est-ce un décor hollywoodien ? Une ville réelle ? Elle aussi tourne le dos au lac Ontario. Quelques villas somptueuses sur une falaise effritée s'approprient le rivage. Quand je peux enfin l'atteindre, il est désert, sable sale et troncs d'arbres échoués avec, au large, un brise-glace désœuvré. Par le passé, la moitié de sa surface était prise dans les glaces de l'hiver. Il paraît que le lac ne gèle plus.

L'été, c'est la région de la viniculture, cabernet sauvignon, vignes à perte de vue. Spécialité : l'*icewine*. Quand pendant trois jours de suite la température a été au-dessous de 8 °C, le raisin est cueilli à l'aube. Il est devenu rare et cher, l'*icewine*. Plus loin, ma Chevrolet longe des cultures de pêches et des gazons tondus devant de belles villas au triple garage.

Je quitte le lac Ontario sans en avoir fait le tour. Je n'en ai suivi les rives qu'à l'ouest de Toronto. D'une main, tout en tenant le volant de l'autre, je décapsule en cachette une canette, consignée cinq cents de ce côté du lac et dix côté États-Unis.

Pour rejoindre le lac Érié, c'est facile en voiture, plus difficile en bateau. Depuis 1763, quand le Canada est revenu à la couronne d'Angleterre, l'idée d'une voie fluviale qui relie l'océan Atlantique au vaste système des Grands Lacs a suscité nombre de projets. Il a fallu d'abord remonter le Saint-Laurent au-delà de Montréal. Trois écluses avaient fait l'affaire. Pas grand-chose encore, deux mètres de large, un mètre de profondeur. En 1825, sept écluses, un vrai canal jusqu'au lac Ontario : 2 000 bateaux par an. Par le sud, de New York et d'Albany, un canal atteignait le lac Érié, faisant de Buffalo aux États-Unis un port plus important que Boston, Philadelphie ou Baltimore. Mais il manquait une liaison entre le lac Ontario et le lac Érié pour franchir une déclivité de plus de 100 mètres, en évitant les chutes du Niagara. Grâce à huit écluses, le canal Welland, plusieurs fois élargi, a relié les deux lacs.

Quand j'arrive à l'embouchure de ce canal dans le lac Érié, tout est calme, l'écluse est vide, le bourg assoupi, les halles de stockage désertes. Le temps où la région était industrielle semble passé. Sur la place principale, un café au charme désuet et plaisant est tenu par deux dames âgées qui prennent leur temps pour remplir ma tasse.

Non loin de là, je tombe par hasard sur le fort Érié. Son histoire remonte à la guerre entre ceux qui, au début du XIXe siècle, s'appelaient les Américains et les Anglais. Pour faire comprendre à quelques touristes esseulés ce qu'il s'est passé ici, de jeunes chômeurs sont déguisés avec des uniformes d'époque. L'un d'eux se fait passer pour un fusilier du régiment de Wattville. Il ressemble moins à un mercenaire suisse qu'à un joueur de base-ball. La mise en scène s'accompagne d'un exercice de tir au mousquet et des commentaires embrouillés d'un instituteur à la retraite.

J'apprends ainsi qu'après la guerre de Sept Ans, les Français ont abandonné la place aux Anglais à qui les Américains ont déclaré la guerre en 1812. Ces derniers ont attaqué le fort Érié. Après un siège meurtrier, les troupes britanniques ont fini par s'enfuir, les Américains l'ont occupé mais, harcelés par les voltigeurs canadiens, se sont enfuis à leur tour. Les Anglais s'y sont alors installés, protégés par des mercenaires suisses. Mais les Américains ont donné l'assaut, faisant au moins trois cents morts. Ils ont repris le fort, l'ont rasé et sont rentrés chez eux pour signer la paix en 1814. Deux ans de guerre et des milliers de morts pour rien, dont ces mercenaires suisses baladés à travers le monde – ils sont passés aux Indes – par des aristocrates peu scrupuleux. En 1939, alors qu'entre les deux rives du lac Érié la guerre était finie depuis longtemps et qu'une autre, mondiale cette fois, menaçait, Canadiens et États-Uniens se sont entendus pour reconstruire le fort Érié à l'ancienne. Ainsi chaque jour, pour les touristes, la soldatesque joue à la petite guerre et décharge en l'air ses mousquets désuets.

Dans sa plus grande longueur, le lac Érié mesure 388 kilomètres, sa profondeur moyenne n'est que de 19 mètres et ses eaux grises n'invitent guère à la baignade, d'ailleurs peu recommandée par les autorités sanitaires qui placardent partout leurs statistiques indiquant en pourcentages les risques auxquels la baigneuse ou le baigneur s'expose.

En langue iroquoise, l'érié était le puma. Quand Alexis de Tocqueville a découvert la région, en 1830, il arrivait de New York. La rive sud, moins dessinée, formait alors de somptueux marais. Le Great Black Swamp s'étendait sur l'Ohio jusque dans l'Indiana. Alexis, 26 ans, écrivait à son père : « Ces rives qui ne portent encore aucune trace humaine, cette forêt éternelle, je vous l'assure, n'est pas que poésie, c'est le spectacle le plus extraordinaire que j'ai vu de ma vie. » Ce paradis n'a pas duré. Le marais a été asséché, le lac a été mis à mal par les pesticides et les déchets de l'industrie autour de Buffalo. En 2011, une épaisse couche d'algues toxiques l'a recouvert sur plus de 5 000 km^2, mettant en danger l'approvisionnement en eau de milliers d'habitants. Il a fallu pour un temps fermer les robinets, décréter l'état d'urgence.

Pendant plus de cinq heures de route, ma Chevy suit la rive nord vers l'ouest, du fort Érié à Pointe-Pelée. Avec une halte à Saint-Thomas, la capitale des chemins de fer canadiens, « centre historique ». Mais qu'ils sont tristes ces cafés sans clients, ces vitrines vides et sales, et ces banques trop grandes. Tout autour, des champs de chanvre et de ginseng ont remplacé la culture du tabac. À cause de l'érosion des rives, les bords de l'eau restent déserts, rien à voir avec l'enthousiasme que les villes européennes mettent à empiéter sur le lac grâce à de nouveaux aménagements.

J'apprécie l'accueil du côté de Pointe-Pelée, dans un *bed and breakfast* avec vue sur le lac. Un verre de bienvenue à la main, les gens qui me reçoivent racontent les tempêtes de l'hiver dernier, quand les vagues ont submergé le jardin et les garages. En quatre ans, l'eau est montée d'un mètre, la cause en reste inconnue. Le père de monsieur, un Norvégien, était capitaine sur des bateaux qui chassaient le phoque. Il a accompagné au pôle Sud Edmund Hillary le vainqueur de l'Everest, comme le prouve la photo du journal que chaque hôte de passage se doit de commenter. *Wonderful !*

Au petit déjeuner, un couple canadien raconte sa vie. Lui est chargé de recueillir des pubs, comme le héros de James Joyce dans *Ulysse*. C'est pour une radio commerciale, explique sa femme. Un bon job, disent-ils, s'il n'y avait pas ce jeune prétentieux à la tête du pays. Sous prétexte de défendre un blogueur saoudien condamné à mort, il va faire monter le prix de l'essence à la pompe. Ils ont sans doute lu le *Sun* où le chef du gouvernement est attaqué avec une haine quotidienne.

Tout au sud du territoire canadien, la langue de terre de Pointe-Pelée forme un parc naturel qui s'avance dans le lac. À son extrémité, deux régimes d'eau se croisent. Je pourrais me croire à la jonction de deux fleuves. Côté ouest, l'eau est calme et claire. Côté est, de puissantes vagues remuent le fond sablonneux. Personne en vue, plaisir de la solitude, sauf pour un dindon sauvage et un écureuil volant qui porte le beau nom de polatouche. Ils se cachent entre le mûrier rouge et l'eupatoire céleste. Ici la nature préservée vous est expliquée à chaque pas par des panneaux bien entretenus.

Entre le lac Érié et le lac Huron, la connexion se fait par la rivière Sainte-Claire dont une rive est canadienne, l'autre est aux États-Unis. La ville de Detroit, bordée par les usines, tire son nom de l'étroitesse de la rivière à cet endroit. De Windsor, côté canadien, j'admire les ruines de la capitale mondiale de l'automobile. Bien que son époque glorieuse soit révolue, ses restes sont somptueux. Un gigantesque pont métallique, dont les rampes d'accès occupent plusieurs kilomètres, sert de douane. C'est en passant cette rivière dans des conditions périlleuses que plus de 40 000 esclaves noirs ont réussi à se réfugier hors des États-Unis. Le musée qui leur est consacré est fermé aujourd'hui.

À Sarnia, extrémité nord de la rivière Sainte-Claire dans laquelle se déverse le lac Huron, un dernier pont, très haut, laisse passer les navires. Une plaque de laiton annonce qu'une nageuse de 27 ans, Vicki Keith, a traversé le lac en 46 heures et 55 minutes. Des dizaines de pêcheurs à la ligne ont pris place sur des pliants tandis que le soleil passe sous l'horizon dans le rougeoiement des nuages. De toute la journée, aucun bateau ne s'est montré. Je comprendrai plus tard la raison de cette absence de trafic.

La surface du lac Huron est cent fois plus étendue que celle du Léman, ma référence perpétuelle en matière lacustre. Les puissantes vagues qui peuvent l'agiter sont bien pires que celles que provoque un coup de joran qui soulève le Léman. La dernière grande tempête a fait plus de deux cents morts, six mille bateaux reposent dans ses profondeurs qui atteignent 230 mètres. Une goutte d'eau, entrée par la rivière Sainte-Marie à son extrémité ouest, met vingt-deux ans pour ressortir par la rivière Sainte-Claire. C'est dire comme la pollution qui s'y installe prend son temps pour quitter les lieux.

À Goderich, un musée local, fait de bric et de broc et rarement visité, raconte la gloire ancienne du lieu : un phare à la Hopper, une mine de sel creusée sous le lac, la vie d'un pionnier zurichois, inventeur de moulins électriques, et une prison modèle construite en 1839. Pour qu'une ville puisse avoir son gouvernement, il fallait qu'elle possède un tribunal et une prison.

La mine dont les galeries sont situées sous le lac est toujours exploitée. Je distingue au large le vraquier *Algoma Innovator* qui mettra plusieurs jours à être chargé. La région est aux mains de gros agriculteurs qui sèment des kilomètres carrés de maïs et de soja. Comme c'est dimanche, je les vois attablés en famille pour un brunch sur la grande place ronde du centre. Le volume des triples hamburgers de leurs enfants marque le degré de leur réussite.

Après les plaines agricoles plantées d'éoliennes, le paysage se vallonne à l'approche de la péninsule Bruce, une lande de cent kilomètres qui s'avance dans le lac Huron. Au début de la péninsule, Owen Sound, classée au patrimoine mondial, est connue pour avoir été une ville si corrompue par les divers trafics que l'alcool y a été interdit pendant soixante ans, jusqu'en 1972. Depuis lors, artistes et antiquaires ont remplacé les prostituées. Tous les hôtels sont pleins. Je déniche un *bed and breakfast* géré à distance, mais la chambre dont je finis par trouver la clé est d'une telle saleté que je renonce. À la nuit tombée, je déniche enfin un motel.

D'Owen Sound à Tobermory, l'embarcadère du ferry-boat, la route est aussi droite que les milliers de troncs dégarnis qui la bordent. Spectacle de désolation dans un site classé. À la suite d'une sécheresse prolongée, les résineux ont été étouffés par le bostryche. Pour prendre le bac, il m'a fallu réserver. En août, de nombreux touristes états-uniens viennent profiter du frais, font le tour du lac. La traversée en direction de l'île Manitoulin par un jour de plein soleil est l'une des choses les plus agréables de ce voyage.

Il faudrait savoir dire ici ce qu'est une épiphanie, un moment de grâce, au dernier étage du bac chargé de voitures, à contempler le large sillon d'écume qu'il laisse derrière lui sous un ciel frais et sans nuages. Le « traversier », comme dit la traduction locale de ferry-boat, incurve plusieurs fois son cap pour éviter de petites îles boisées, sans relief, inhabitées. Je suis saisi par la beauté, par le bleu clair du firmament, le vert des forêts insulaires séparé du bleu profond de l'eau par le liseré blanc d'une plage de sable ou de rochers. Ils sont loin du lac Huron, les Wannsee et autres Léman, dont jamais l'autre rive ne se perd de vue. Ici tout est sublime. Je sais bien que ça ne durera que quelques semaines avant que la neige, la glace, la tempête ne chassent l'idylle passagère.

Au débarquement, surprise ! Les routes de Manitoulin, la plus vaste île d'eau douce au monde, sont mal entretenues, au contraire de toutes celles parcourues jusqu'ici. C'est que je suis chez les Indiens. L'un d'eux, qui fait signe avec son baluchon et monte dans la Chevy, me raconte sa vie. Il a 25 ans, travaille comme charpentier de mars à octobre, sinon rien. Lui et ses frères viennentt d'aller rendre visite à leur père en Colombie-Britannique. Trois jours de voyage sans jamais s'arrêter, sauf pour faire le plein d'essence. Son père est obligé de trimer sur des chantiers pénibles, là où est l'argent, *where the money is*, dit son fils qui prétend que les gens de Toronto ont apporté le bostryche aux First Nations. Il me demande de le déposer devant ce qu'il appelle sa ferme, à peine plus grande qu'un petit pavillon de la banlieue parisienne. Pour rejoindre la rive, un pont flottant conduit à la grande route qui borde le lac Huron. Revêtement soigneusement entretenu, absence de nids-de-poule, je ne suis plus chez les Indiens et le motel que je trouve pour la nuit au bord du lac est idyllique.

Au matin, je me baigne dans une eau calme et limpide au fond de laquelle courent des crabes minuscules et des bancs de petits poissons. Je jette un dernier regard à ce troisième lac de mon périple avant d'aborder le dernier, le plus imposant.

Sault-Sainte-Marie – Sault se prononçant « soo » – sert de jonction aux lacs Huron et Supérieur. La situation est la même qu'en face de Detroit. Deux ponts métalliques, très hauts au-dessus de la rivière, mènent aux États-Unis. Dans la rue principale, les cafés font des rabais à ceux qui ont plus de 60 ans. Demandez le menu senior !

Ici commence la rive nord du dernier des Grands Lacs que je compte suivre jusqu'à Thunder Bay. Le tiers de la superficie du lac Supérieur, le plus étendu du monde, est canadien, le reste aux États-Unis. Il est alimenté par une dizaine de grosses rivières, sa profondeur dépasse 400 mètres. À lui seul, il contient autant d'eau que tous les autres lacs que j'ai côtoyés jusqu'ici, soit 10 % des réserves mondiales d'eau douce. Et pourtant, sa santé est fragile, ses riverains préfèrent l'eau en bouteille.

Il a fallu du temps pour domestiquer les passages entre les cinq lacs, les relier à l'Atlantique et arriver jusqu'à Thunder Bay, le point canadien le plus à l'ouest de la frontière liquide, le fin fond d'une autoroute lacustre, construite par étapes, inaugurée en grande pompe par la reine d'Angleterre et le président Eisenhower, en 1959. Des navires de très gros tonnage, appelés laquiers, chargeaient le minerai de nickel, de chrome, le bois, le charbon, la pâte à papier pour les transporter jusqu'à l'embouchure du Saint-Laurent et plus loin vers les côtes européennes et américaines.

Par malheur, en peu de temps, cette route ouverte à grands frais a perdu son attrait. Après vingt ans, tout juste le temps de rentabiliser une faible partie des infrastructures, le trafic a baissé. Il est passé de 66 millions de tonnes à 36 millions en 1980. D'une part, pendant trois mois d'hiver, la glace empêchait la circulation. D'autre part, le chemin de fer a réussi à s'imposer grâce à l'invention des conteneurs standardisés. Ils sont facilement transbordés d'un porte-conteneurs maritime géant à un convoi ferroviaire de plusieurs kilomètres de long. Aujourd'hui, 95 % des marchandises, qui pourraient passer par la voie navigable construite pour elles, transitent par la route et le rail.

Ces quelques décennies de trafic n'ont pas été sans créer d'importants dégâts. Pour leur stabilité, les vraquiers qui venaient charger à Thunder Bay ne pouvaient pas faire la route à vide sans être lestés de ballast sous forme d'eau. Un seul de ces bateaux contenait jusqu'à deux millions de litres d'eau de mer qu'il relâchait dans les eaux douces des lacs au moment du chargement. Dans ces rejets se trouvaient entre autres des espèces prédatrices. La lamproie marine, une sorte d'anguille, s'accroche à la truite du lac et la dévore. En quelques années, la truite endogène, résistante au froid, à la famine, à la vie sous la glace au cours de milliers d'années, a été éradiquée. En 1944, les pêcheurs ramenaient 3 200 tonnes de truites. Après l'invasion, à peine 12.

Devant cette catastrophe, les services de pêche des deux pays ont cherché une parade en introduisant une nouvelle espèce de poisson qui détruise la lamproie. L'anguille de rivière avait fait l'affaire pour un moment, mais après quelques années, cette espèce-là s'est trouvée sans nourriture, ayant dévoré toutes les lamproies. C'est par bancs entiers que les anguilles mortes pourrissaient dans l'eau, relâchant une odeur nauséabonde. Pas facile de rétablir un équilibre naturel perturbé.

Nouvel effort des organes piscicoles avec l'introduction du saumon coho, qui vivait dans l'océan Pacifique.

Il possédait en outre un avantage touristique. Cinquante millions d'habitants autour de ces lacs veulent s'amuser. La pêche au saumon est un vrai plaisir. Au contraire de la truite qui se laisse attraper, le saumon ne se rend pas sans combattre, la pêche se fait sportive. De partout les amateurs ont afflué, acheté des bateaux et des attirails sophistiqués pour sortir de l'eau des pièces de dix kilos qui dans le Pacifique n'en pesaient que quatre, avec des records jusqu'à quarante kilos. Ce saumon importé qui se nourrissait d'anguilles a si bien nettoyé les lacs que le voilà lui aussi affamé. Il a fallu le rassasier par de coûteuses importations d'anguilles. Mais celles-ci ne supportaient pas les pesticides devenus entre-temps quatre fois plus répandus que la limite prévue par la loi. Au début des années 1990, fin du paradis des pêcheurs. Par rapport à 1980, la présence du saumon coho avait diminué de 85 %.

Parmi tous les déboires que les Grands Lacs ont connus, l'un des plus spectaculaires a été la transformation de l'eau d'un affluent en brasier. En 1972, la rivière Cuyahoga près de Chicago était en flammes. Ce n'était pas la première fois que les huiles et autres produits chimiques en nappe sur l'eau prenaient feu, mais cette année-là les habitants se sont fâchés. Je me souviens d'avoir vu les images de la rivière qui brûle. Elles ont fait le tour du monde. Les députés ont voté, contre le veto du président Nixon, le Clear Water Act, une législation qui envoie en prison les pollueurs. Aujourd'hui encore, cette loi exemplaire est combattue par de puissants lobbies. Pour nettoyer un lac comme le Supérieur, il faudra du temps. Une goutte d'eau qui entre par une extrémité met 191 ans pour ressortir par l'autre. Et depuis 1980, sa température augmente d'un degré par décennie.

Sur la route 17, la Transcanadienne, qui longe la rive nord du Supérieur, j'oublie pour un moment les dangers que court l'environnement. Un ruban d'asphalte d'un noir brillant, partagé par une double ligne jaune, dessine un toboggan continu qui taille droit à travers un désert vert, forêt de bouleaux, de sapins, d'érables et de sous-bois denses. Parfois un petit lac entouré de marais et de mousses tendres. Ils sont des centaines, indiqués par des panneaux, mais cachés de la route. Tous les vingt kilomètres environ, un chantier. Les travaux qui réparent les dégâts hivernaux obligent à une circulation alternée. Les ouvriers me font des signes amicaux, comme s'ils manquaient de présence humaine. Vitesse maximale affichée : 90 km/h. Tout le monde roule entre 100 et 110, mais jamais plus. D'énormes camions, jusqu'à dix essieux, transportent des chargements de bois. Tout au long de leur parcours, ils sont contrôlés sur des stations de pesage. Dans les côtes raides du toboggan, la voie est dédoublée pour permettre à ma Chevy de dépasser ces monstres réduits à rouler au pas. Je n'ai jamais rencontré leurs chauffeurs dans un motel le long de ma route. Ils ne s'arrêtent jamais, se relaient à deux.

La route 17, sans neige de mai à octobre, est ouverte toute l'année. J'imagine ce que doivent être les hivers. Déjà les nuits sont fraîches. Le ciel d'août est de ce bleu d'acier clair que je lui connais dans les hivers jurassiens.

Un écriteau annonce un parc provincial, j'obéis aux consignes pour garer ma voiture et j'emprunte le sentier qui s'approche du rocher Agawa. Pour un dollar, je prends dans une boîte accrochée à un sapin un prospectus en français. Je suis les marques gravées sur les troncs et me trouve d'un coup sous une falaise abrupte au bord du lac Supérieur avec juste assez de place pour poser les pieds. Sur la paroi lisse, des figurines humaines et des animaux stylisés sont peints en rouge clair. Le prospectus donne quelques explications à ces pictogrammes d'ours, de tortues, de caribous et de silhouettes dans des canots. L'ocre a été produit avec de la poudre d'hématite mélangée à de l'huile de poisson pour qu'il adhère au granit. Je reconnais une figure qui représente l'esprit de l'eau du lac. Les Ojibwa l'appelaient Misshepezhieu : le corps et les griffes d'un lynx avec des cornes et une crinière épineuse. L'esprit voyage dans un canoé.

Si l'eau s'agite, cet endroit devient donc inaccessible. Les graffitis des First Nations, depuis combien de siècles sont-ils là ? Je lis que les tribus venaient au bord du lac au printemps pour la récolte du sirop d'érable et la pêche. L'hiver, elles remontaient vers le nord où le gibier est plus abondant et les histoires plus cruelles. Heureusement, quand les oreilles des mauvais esprits sont gelées, elles ne peuvent plus rien entendre. Quelles histoires racontent ces dessins ? Pour les Ojibwa ou pour le touriste de passage ? Hommage au lac désormais sali ? Hommage à une divinité naturelle ? Quelle différence avec les peintures rupestres des grottes ardéchoises ? Je reprends la route sans réponses à ces énigmes.

De temps en temps un panneau annonce un motel *gas, food, and lodging*. À manger pour soi et pour le cheval à essence. L'écrivain Don DeLillo écrit : « En chaque homme sommeille un motel. » Chez moi, il se réveille. Le long de la route à perte de vue, je guette le prochain hébergement. Ce sera la cabine n° 8 des Catfish Lakefront Cabins and Campground. Dans un fauteuil Adirondack de plastique rose, à côté d'un gril au gaz prévu pour d'énormes pièces de viande, je sirote un verre au coucher du soleil.

Le lendemain, la route 17 est toujours aussi droite, les forêts aussi désertes, le trafic aussi faible, le paysage aussi impressionnant. De temps en temps, un couple de cyclistes lourdement chargés. Il paraît que la traversée du Canada à vélo est le nouveau must des retraités. Ça se fait en partant en mai de Vancouver et en visant l'embouchure du Saint-Laurent avant l'arrivée de l'hiver.

Arrêt à Marathon, encore dans l'Ontario, à peine trois milliers d'habitants. Au bord de l'eau, un ponton réservé aux kayaks, mais je n'en vois pas. Les rochers du rivage, rouges, bruns ou gris, sortent de l'eau, lisses comme des dos d'hippopotames. Des bancs de pique-nique y sont scellés, personne ne les occupe. Deux magasins seulement, l'un ne vend que des surgelés, l'autre que de la bière. À cinquante kilomètres à la ronde, pas de produits frais, ni yaourts ni bananes. Le Happy Café est tenu par des retraités heureux, un vieux monsieur en cuisine, deux dames en salle. Seuls clients, deux cyclistes transcontinentaux. L'établissement ferme à 15 heures.

Le musée est ouvert et gratuit, un jeune homme boutonneux et serviable s'excuse : l'installation est en travaux. Sans doute depuis toujours. C'est juste une petite salle qui me permet de comprendre que le nom de l'endroit, Marathon, est celui d'une compagnie américaine productrice de papier. Une maquette de l'usine de pulpe et quelques documents racontent son histoire. Le produit était transporté par bateau de l'autre côté du lac, dans le Michigan. Ça permettait de fabriquer des cartons à chaussures pour le monde entier, tandis que la pollution restait au Canada. Autre industrie qui subsiste, deux mines d'or donnent du travail aux habitants de Marathon. Il y avait aussi la pêche industrielle à la truite, mais l'invasion des lamproies a tout bousillé. Pendant la Seconde Guerre mondiale, des milliers de soldats allemands ont été emprisonnés par ici. Une vidéo tremblotante, à moitié effacée, montre un commandant de sous-marin allemand et son gardien, un ancien soldat canadien de 14-18. Après la guerre, l'Allemand est resté là. Il parlait anglais, faisait le postier du camp. Vingt-huit prisonniers se sont échappés, deux seulement ont survécu à l'hiver canadien.

Motel Coach House, quelque part le long de la route 17. À la réception, un ours empaillé. Le motelier (on dit bien hôtelier) indique l'emplacement d'un village fantôme au bord de la voie ferrée. Je m'y risque en suivant à pied la ligne du Canadian Pacific Railway. Parfois, c'est assez dangereux, il n'y aurait pas la place entre les rochers et le train qui déboucherait là. La voie est en travaux. J'assiste à l'arrivée du tour nocturne qui commence à 17 heures. Une cinquantaine d'ouvriers, casques et vestes orange. Quelques contremaîtres, casques blancs, assignent à des équipes de deux ou quatre des engins tous différents. Ils forment un long convoi de pelles mécaniques, élévateurs, ateliers roulants, draisines, poseuses de rails, de rivets, de ballast. Chantier au milieu de nulle part, le long d'une voie ferrée traversant le pays, avec des ouvriers venus de je ne sais où.

Le village fantôme que je finis par rejoindre était construit autour d'une gare prise dans les broussailles et la forêt. Quelques vieilles tôles, un bureau abandonné, des sommiers de fer, des cadres de porte. Rien ne dure après quelques hivers. Je ramasse un ou deux clous comme un gamin heureux pour me souvenir que je suis venu par ici. J'empoche aussi un pavé cubique que j'utiliserai comme presse-papiers après y avoir écrit la date du jour.

À Nipigon, embranchement pour la route 11 qui monte vers le nord en longeant le lac Nipigon, tandis que la 17 continue vers Thunder Bay. Ici aussi l'industrie ne fleurit plus. Dans un bric-à-brac, je choisis une nouvelle casquette à grande visière pour 50 cents. Je fréquente un café tenu par des retraités. La gare est abandonnée aux herbes folles. Une seule voie est encore entretenue pour les trains de marchandises. Un seul par jour, mais il peut atteindre des kilomètres de long. Comme il est très lent, je patiente vingt bonnes minutes à le regarder défiler.

Au fil de la route, un panneau indique que les bateaux remorqués d'un lac à l'autre doivent être nettoyés à la vapeur avant d'être remis à l'eau. *Now it's law!* Cette loi prévoit des milliers de dollars d'amende et la prison pour les contrevenants. Renseignements pris, il s'agit d'éviter que les moules zébrées, accrochées à la coque des bateaux, ne polluent d'autres eaux. Ces moules d'origine marine se trouvaient dans le ballast des vraquiers. Elles ont formé des bouchons dans les prises d'eau potable, sans parler des systèmes de refroidissement des centrales nucléaires. En un quart de siècle, les municipalités autour des Grands Lacs ont dépensé un milliard et demi de dollars pour nettoyer leur tuyauterie.

Désormais, par tous les moyens, les deux pays limitrophes essaient de contrôler de nouvelles espèces qui dérèglent, voire détraquent à jamais l'équilibre écologique des Grands Lacs. La dernière alerte en date est l'apparition de la carpe asiatique qui s'est infiltrée malgré des barrages électriques installés à l'arrivée des affluents. Cette espèce-là a été relâchée par des gourmets chinois qui l'importent et l'élèvent en bassin sans se soucier de la faune locale. Une carpe de cinquante kilos mange dix kilos de plancton par jour et détruit en peu de temps la subsistance des autres espèces.

À la réception du prochain motel, je trouve des dépliants qui expliquent le combat contre la carpe asiatique : « Aidez la police à lutter contre cette invasion, vous pouvez dénoncer les coupables par un appel anonyme. » Pour endiguer la nouvelle plaie, les scientifiques ont recours à une modification génétique qui empêche la reproduction des carpes mâles. L'astuce a des résultats immédiats, mais risque de provoquer bientôt l'extinction de l'espèce, ce qui aura d'autres conséquences là où la carpe asiatique était dans son milieu naturel.

Au bout de dix jours de voyage, je traverse la forêt boréale, après la forêt dite ici carolinienne et avant la toundra plus au nord qui n'est plus que buissons. Dernier arrêt à Sleeping Giant pour prendre congé de cette solitude heureuse de la grande route en toboggan. Calme du lac, lumière incomparable, je m'en souviendrai longtemps. Dans mon calepin à élastique, je note une ou deux phrases sur mon état d'esprit tout en terminant mon whisky du soir. « Satisfait et lucidement gai », c'est ainsi que Kleist et son amie avaient mis fin à leurs jours. J'avoue à mon petit carnet que je voudrais bien mourir ainsi, « *zufrieden und heiter* ».

J'arrive enfin à Thunder Bay, 100 000 habitants. La ville en a eu davantage, mais depuis l'effondrement du trafic lacustre elle tente sa reconversion touristique. Derrière la ligne de chemin de fer qui coupe la municipalité du rivage, d'immenses immeubles, comme l'hôtel du Prince Arthur, témoignent d'une gloire passée. L'ancien Fort William, siège de la Compagnie du Nord-Ouest, gloire des colons et des trappeurs en route vers le Far West, n'est plus qu'un parc d'amusement.

Pas de possibilités de se baigner près du port si ce n'est, comme disent les panneaux, « à vos risques et périls ». Sandy Beach, la plage la plus proche, assez misérable, est à dix kilomètres du centre. Par une belle journée d'été, je m'y rends et me trempe dans une eau restée froide et vaseuse.

Pour visiter ce qui reste du port, un voilier fera l'affaire. Rendez-vous est pris pour la soirée, il y aura une douzaine de passagers et deux hommes d'équipage. La première chose qu'ils expliquent est la manière dont la grande muraille qui protège le port a été construite. Au cours de vingt hivers, de monstrueux rochers ont été glissés sur la glace. Avec la fonte, ils ont coulé pour former peu à peu une digue de onze kilomètres. Avec la brise du soir, les voiles se gonflent, le bateau glisse à vive allure le long des entrepôts du port. Tous sont vides, aucun navire à quai si ce n'est un laquier polonais en mauvais état en train de charger du maïs. Les voiles sont amenées pour naviguer plus sereinement au coucher du soleil.

Et puis une jolie histoire fait bien rire les passagers. Pour se débarrasser d'un cargo hors d'usage, un armateur avait eu l'idée d'en faire un spectacle payant. Pour le couler au large dans les eaux profondes, l'exploitant promettait d'y mettre le feu et de le faire exploser à peine la nuit tombée. Le public pourrait donc assister au coulage de l'épave transformée en feu d'artifice. Des milliers de curieux avaient payé pour voir ça, et le feu avait pris. Mais les flammes avaient ravagé la corde de l'ancre et, comme le vent s'était levé, le brasier flottant avait dérivé jusqu'à percuter une île au milieu du lac. Le feu s'était transmis à cette terre dont la forêt et les dépôts avaient été réduits en cendres. Les spectateurs en avaient eu pour leur argent. Fin de la gloire de Thunder Bay.

Lacs Ontario, Érié, Huron et Supérieur, je les ai longés en restant du côté canadien. En empruntant les routes états-uniennes, aurais-je découvert d'autres manières d'aimer ces lacs ? Je m'attendais à de la monotonie. J'ai éprouvé au contraire la joie de ceux que le Far West appelle, la curiosité des trappeurs guidés par les autochtones, le genre de voyage qu'on ne fait qu'une fois dans sa vie. Il me reste sept cents kilomètres de route, un fuseau horaire et, dans deux jours, ma Chevy me déposera dans le Manitoba. Je me réjouis déjà de revoir Winnipeg.

FRONTIÈRES AFRICAINES

Lac Victoria

Il y a quelques années, j'étais remonté de Mombasa, au bord de l'océan Indien, jusqu'à Nairobi et plus haut, là où s'entraînent les coureurs à pied les plus rapides du monde. Je n'avais plus eu le temps de rejoindre Kisumu, le port principal du lac Victoria où se termine la ligne de chemin de fer. Je m'étais promis de revenir un jour pour faire connaissance des riverains de ce lac.

Après la Caspienne en Asie et le lac Supérieur en Amérique du Nord, le lac Victoria au centre du continent africain est le troisième lac international de la planète par sa surface. Il est partagé entre l'Ouganda dans sa partie nord, la Tanzanie dans sa partie sud et le Kenya qui en possède un accès par sa rive est.

Un ami m'avait offert deux photographies prises sur les bords du Victoria. La première montre une eau verdâtre dans laquelle un homme immergé à mi-cuisses est en train de renflouer une pirogue immergée. Il s'agit d'un pêcheur qui cache son bateau pendant la journée pour se livrer la nuit à la pêche clandestine, sa seule manière de nourrir sa famille. La seconde photo montre une eau bleuâtre qui n'est pas celle du lac Victoria, mais d'une zone humide sur ses bords. Un homme immergé à mi-cuisses est entouré de sacs en plastique récupérés dans une décharge. Il les nettoie pour les revendre. Le bleu se dissout dans l'eau qui finira dans le lac. « Ces deux photos, m'a précisé cet ami, te rappelleront les deux principales plaies de ce lac : surpêche et pollution. »

J'avais d'autres raisons de venir au bord du Vic, en particulier des raisons littéraires. À la lecture d'*Ébène* de Ryszard Kapuściński, j'étais tombé sur le portrait du sanguinaire dictateur Amin Dada qu'il avait rencontré dans son palais de Kampala, en Ouganda. Me sont alors revenus en mémoire les événements de l'été 1976 quand un avion d'Air France avait été kidnappé pour réclamer la libération de prisonniers politiques. Le détournement s'était terminé tragiquement sur l'aéroport d'Entebbe où un commando israélien avait libéré les otages.

Dans *Ébène*, le chapitre que Kapuściński consacre à Amin Dada, qui a sévi de 1970 à 1978, est un morceau d'anthologie. En le découvrant, je comprends mieux le parcours sanglant de ce colosse né dans la misère et qui, comme une grande partie des populations déracinées, mille fois déplacées, n'a pas d'autre perspective que la faim ou le banditisme. Amin grandit dans la rue, sait à peine lire, est enrôlé puis promu par l'armée britannique. « À l'époque précoloniale, explique l'auteur, il existait en Afrique plus de dix mille petits États, royaumes, unions ethniques, fédérations. » Les colonialistes ont organisé de nouvelles frontières en regroupant par la force des populations qui cohabitaient sans trop s'en vouloir. « Le racisme, la haine de l'autre, le mépris et le désir d'extermination trouvent leurs racines dans les relations coloniales en Afrique. C'est là-bas que tout a été inventé et mis en pratique, bien des siècles avant que les systèmes totalitaires ne viennent greffer leurs expériences lugubres et honteuses sur l'Europe du xxe siècle. »

À l'époque, j'avais été surpris par ce nom, Entebbe, que je ne parvenais pas à situer avec précision. Un demi-siècle plus tard, ma curiosité restait intacte. C'est pourquoi j'avais décidé d'aborder le lac Victoria par l'Ouganda plutôt que par le Kenya. Outre le fait que je n'avais encore visité aucun des nombreux lacs frontaliers du continent africain, une autre découverte m'avait fait penser qu'il fallait absolument que je me rende sur les bords du Victoria. Je croyais que de tout temps, ou du moins depuis la colonisation en Afrique, il était connu pour être la source du Nil et que nombre d'explorateurs avaient pu vérifier cela. Faux ! Préparant ma documentation de voyage, je suis tombé sur un article dans le *National Geographic* : « L'expédition du Nil Blanc, menée par le Sud-Africain Hendri Coetzee, a été la première à naviguer sur toute la longueur du Nil. Elle est partie de la source du Nil, en Ouganda, le 17 janvier 2004 et est arrivée à la mer Méditerranée quatre mois et deux semaines plus tard. » Les choses n'étaient donc pas aussi simples que je les imaginais puisqu'il avait fallu attendre le XXIe siècle pour naviguer sur le Nil de sa source à son delta.

J'avais donc choisi de commencer ma visite du lac Victoria par l'Ouganda. Je prendrais l'avion jusqu'à Entebbe, puis j'irais m'embarquer à Port Bell sur un porte-conteneurs ou un bac qui me mènerait sur la côte kenyane. De là, toujours par le lac, je rejoindrais la Tanzanie.

J'avais été impressionné par le documentaire *Le Cauchemar de Darwin*. J'avais vu comment un poisson introduit dans les années 1960, la perche du Nil, avait remplacé une partie des six cents espèces de poissons endémiques. Son commerce florissait. Jusqu'à cinq cents tonnes par jour de perches étaient exportées. Sur place, des usines les transformaient en filets. Aux Africains restaient les carcasses de poissons et un biotope fortement dégradé. Comme le film datait de 2004, j'envisageais d'aller voir à quoi ressemblait aujourd'hui le cauchemar de Darwin.

En vingt ans, l'urbanisation avait encore progressé autour du lac. Les villes riveraines ne parvenaient à retraiter que de 10 à 20 % de leurs eaux usées. À cela s'ajoutaient les rejets toxiques des usines de Kampala, Mwanza et Kisumu. Sans compter que les eaux contaminées propageaient les fièvres typhoïdes. Depuis 2003, la Commission du bassin du lac Victoria, créée sous l'égide de la Communauté d'Afrique de l'Est, devait se préoccuper des graves menaces qui pesaient sur l'alimentation en eau de millions d'habitants. Mais elle n'en avait pas les moyens. Le lac est source de subsistance pour cinquante millions de personnes dont huit millions dépendent directement de la pêche à petite échelle. Au cours de ces dix dernières années, le lac a vécu l'une des plus grandes extinctions d'espèces connues. Il a perdu 60 % de ses stocks de poissons.

Pour les experts en catastrophes, la situation ne s'était pas améliorée, elle empirait de jour en jour. Mais moi, je voulais éviter de sombrer une fois de plus dans l'humeur noire que peut engendrer pareille perspective de fin du monde. Voilà pourquoi je m'étais aussi entouré de lectures moins ténébreuses.

L'écrivain états-unien Paul Theroux raconte dans *Safari noir* sa « traversée du lac Victoria sur le *MV Umoja*[5] ». Il parcourt le lac du nord au sud avec ce ferry, de Port Bell en Ouganda à Mwanza en Tanzanie, vantant les spécialités de chaque pays, qu'il déguste au petit déjeuner : les bananes de l'Ouganda, les oranges du Kenya et les mangues de Tanzanie. « La carte détaillée au poste de pilotage montrait que le lac était parsemé de nombre d'îles sur le pourtour près des rives et au milieu aussi, certaines connues et identifiées, d'autres sans nom, ouvertes à tous les squatteurs capables de ramer jusque-là. Les pirogues étaient souvent retournées par les crocodiles et les rameurs dévorés. Sur une période récente de six mois, l'île Sigulu au nord-est du lac avait compté quarante-trois morts à cause des crocodiles. L'ac-

5. *Safari noir*, Grasset, 2004.

tivité intense de ces sauriens semblait souligner la liberté pour tous qui était la règle générale du lac Vic.[6] »

À la suite de cette lecture, j'ai eu très envie d'aller naviguer sur le lac Victoria pour jouir moi aussi de cette liberté promue par les crocodiles. À condition qu'elle ne se développe pas à mes dépens ! J'ai une vraie passion pour les porte-conteneurs. Ce serait un voyage d'agrément avec, chaque soir à la table du capitaine, des histoires africaines et magiques sur les esprits qui rôdent à la surface du Vic.

Tout était prêt, j'avais déjà choisi un hôtel pour ma première nuit à Entebbe. La seule chose qui me retenait encore de rejoindre le lac Victoria était la conscience toujours plus aiguë de la pollution liée au trafic aérien. Mais, par voie de terre, il me faudrait deux mois pour arriver sur place.

Et puis sur tous les continents s'est abattue la pandémie.

J'ai renoncé. Tant d'auteurs avaient déjà consacré des récits sanglants ou insouciants à la région, pourquoi y ajouter le mien ?

6. *Ibid.*

FRONTIÈRES D'EUROPE CENTRALE

Lac Balaton

Sur la carte de la Hongrie d'aujourd'hui, le lac Balaton est au centre et ne touche aucune frontière. Sa forme étirée sur 77 kilomètres d'est en ouest et son étroitesse lui donnent une superficie qui dépasse de peu celle du Léman (596 contre 582 km^2). La rive nord, la plus touristique, s'appuie sur une série de collines, volcans limés, aplatis, érodés depuis longtemps. Dans ce qui reste de cratère se forme parfois un petit lac. La rive sud, longée par l'autoroute qui va de Budapest à Ljubljana en Slovénie, est beaucoup plus plate. Entre les deux rives, une simple limite provinciale. Au nord, Transdanubie centrale. Au sud, Transdanubie méridionale.

Par le passé, il s'agissait d'une vraie frontière qui divisait le Balaton. Plus d'une fois, les empires s'étaient affrontés sur cette séparation liquide. Pendant la période d'occupation turque (1526-1686), l'Empire ottoman, rive sud, faisait face à l'empire des Habsbourg, rive nord. Les Turcs installés à Budapest avaient si bien colonisé la région qu'une partie de la population, habituée à leur présence, avait adopté leur culture balnéaire. Ils aimaient se retrouver dans les établissements thermaux et autres bains turcs. En face, les Habsbourg avaient fortifié leur ligne de défense, craignant chaque jour l'invasion des barbares de Constantinople. Pendant cent soixante ans, les échanges à travers le lac ont été réservés aux contrebandiers. Quand les Habsbourg se sont finalement rendus maîtres de toute la Hongrie, leurs sujets les ont à peine fêtés, redoutant de passer d'un joug à un autre. Ce n'est qu'à la fin de la Première Guerre mondiale, après l'effondrement de l'Empire austro-hongrois, qu'ils ont pu se sentir chez eux.

Vingt ans plus tard, ils déchantaient. Les nazis envahissaient leur pays, recrutant pour leurs armées tout ce que la Hongrie comptait d'hommes valides.

À la fin de la Seconde Guerre mondiale, le Balaton, une fois de plus, était partagé par une ligne de front. Au nord se trouvait l'armée allemande, au sud celle des Soviétiques, troisième front ukrainien. Sur tout le continent, le rapport de force tournait au désastre pour Hitler. Il croyait pouvoir jouer les stratèges militaires. Le 6 mars 1945, alors que l'Europe de l'Ouest s'était déjà largement débarrassée des envahisseurs, le Führer a décidé d'une contre-offensive. L'opération de la dernière chance a mobilisé l'aviation et les blindés allemands en nombre. Dans un premier temps, ils ont enfoncé le front soviétique au sud du Balaton. Très vite, la brèche a été colmatée. En dix jours de combats cruels, l'Armée rouge a perdu 35 000 soldats, les Allemands, 45 000. Le 16 mars, la ligne de front du début a été rétablie entre le sud et le nord du Balaton. 80 000 hommes étaient morts pour rien dans cette dernière attaque baptisée par les Allemands *Frühlingserwachen*, un « réveil du printemps » bien macabre.

Sur les bords de l'actuel Balaton, il ne reste guère de traces de son ancienne partition nord-sud. Les voiliers des plaisanciers accostent d'un côté comme de l'autre, au gré des vents. Le Balaton est devenu la mer des Hongrois, le jardin des habitants de Budapest. Pendant la guerre froide, il réunissait les familles que le mur séparait. Les Allemands de l'Est y passaient des vacances, s'arrangeaient pour loger dans le même hôtel que leurs parents venus d'Allemagne de l'Ouest. Et cela au vu et au su des bureaucrates.

Cette vocation touristique du Balaton a commencé dès le XIXe siècle, quand une ligne de chemin de fer a relié Budapest à la rive sud. De là, les estivants pouvaient prendre un bateau à vapeur qui, à partir de 1846, les déposait tout au long de la rive nord. Désormais, chaque année, un million de touristes passent l'été sur les bords du lac.

Arrivé de Budapest dans une voiture de location par un jour gris de décembre, je visite la ville principale du nord, Balatonfüred. Elle est déserte. Où donc sont passés ses 14 000 habitants ? Gigantesques parkings vides, boutiques, cafés et musées fermés, hôtels en vacances. Le long des rives et sur les débarcadères, pas un promeneur, pas un bateau. Ils ont été sortis de l'eau pour que la glace ne les brise pas, mais le lac tarde toujours plus à geler. Je ne verrai donc pas les chars à patins et à voile que vantent les guides. Je ne serai victime que d'un épais brouillard qui traîne bas, produit d'un lac encore trop chaud.

À l'office du tourisme, malgré quelques beaux sourires, on ne parle que le hongrois pour me faire entendre qu'en cette saison je peux garer gratuitement n'importe où ma Chevrolet, visiter le débarcadère désert, admirer dans une petite salle d'exposition le portrait de toutes les célébrités hongroises qui, depuis le XIXe siècle, sont venues ici en villégiature l'été. La promenade Rabindranath-Tagore, pleine de monde pendant la belle saison, se réduit à un décor désolé qui brasse des feuilles mortes.

Un tour du lac en voiture me permettra de le comprendre un peu mieux, bien que l'été il doive apparaître bien différent. Je ne m'attendais quand même pas à ça. Je mange dans un tea-room sans alcool, puis le soir je rejoins mon hôtel, confortable mais triste. Je reçois des photos que mes amis m'envoient de leurs vacances au ski. Qu'est-ce que je cherche par ici ? J'aurais mieux fait de me joindre à eux.

Rive nord, campings et hôtels se succèdent avec leurs plages clôturées. Côté montagne, à flanc de coteaux, de jolies maisons, volets clos et façades multicolores. Je les imagine toutes occupées l'été. Pour le moment, elles portent l'inscription *Eladó* en hongrois ou en allemand *Zu verkaufen*, à vendre, et *Zu vermieten*, à louer. Mais personne ne semble profiter de l'offre, malgré le voile de brouillard qui leur donne l'air romantique d'un château de Bavière en miniature.

Les villages, désertés à cette saison, s'appuient contre de petits volcans. Dans des vergers en pente, amandiers, vignes et potagers se reposent. Des publicités vantent la route des vins ou bien, comme à Révfülöp, le départ de la transbalatonienne. Une traversée de 5,2 kilomètres à la nage pour grands et petits estivants. Plus à l'ouest, Badacsony est flanqué d'un volcan qui culmine à 438 mètres, le lac étant 300 mètres plus bas. La silhouette du cratère permet aux peintres d'agrémenter leur tableau d'une pyramide à la pointe coupée. Depuis le XVIIIe siècle, ce profil-là se retrouve aussi bien chez les artistes de cour que sur les publicités.

Cinq kilomètres à l'ouest de Balatonfüred, j'arrive à la presqu'île de Tihany, née d'un volcan qui s'avançait dans le Balaton. À cet endroit, la rive opposée n'est plus qu'à deux kilomètres. Le cratère s'est rempli de deux petits lacs, eux aussi dissimulés dans le brouillard. Promenade déconseillée aux étrangers qui voudraient rejoindre un point dominant. D'abord il n'y aura pas de vue et, même par temps clair, ils se perdront dans les taillis.

Depuis la préhistoire, des humains peuplent cette presqu'île. Les moines bénédictins s'y sont réfugiés et plus tard y ont construit une grande cathédrale blanche et baroque. Les paysans l'ont entourée de leurs fermes, puis quelques artistes sont venus, puis encore de nombreux amateurs de vieilles maisons. Ils ont restauré à grands frais les toits de chaume.

Tant que la glace n'a pas pris, le bac fonctionne. Une fois par heure, il navigue à l'aveugle, sans même faire donner sa corne de brume puisque à cette saison pêcheurs et plaisanciers ont abandonné la partie.

Rive sud, trafic plus dense, la route s'éloigne des bords de l'eau, parfois de plusieurs kilomètres. Ici, le lac entouré d'une roselière est si peu profond qu'en été les baigneurs peuvent s'avancer dans l'eau sur plus d'un demi-kilomètre avant de perdre pied. Plus avant, la profondeur moyenne n'est que de 3,5 mètres. La ville principale de cette rive, Siófok, 24 000 habitants, est traversée par le seul effluent du lac qui va se déverser dans le Danube plus au sud. Je continue, impatient. J'attends le moment de nager, mais pas dans ce lac.

À l'extrémité ouest du Balaton, rattachée encore à la province de la rive nord, la ville de Keszthely s'est retirée du rivage pour se blottir autour du château d'un noble croate. De 1739 à 1944, la famille Festetics a occupé cette demeure de plus de cent pièces. Intérieur d'origine, visitable en toute saison, avec sa bibliothèque de 60 000 volumes parmi lesquels je découvre les premières éditions de Rousseau et des Lumières. Dans mon calepin, je recopie trois lignes de Jean-Jacques à propos du Léman qu'il appelle « lac de Genève ». Ça parle des douces beautés de l'été qui par ici me manquent. Par ici, les paysans trimaient dur tandis que l'aristocratie s'employait à lire leurs potentiels libérateurs. J'abrège la visite, je veux arriver à l'hôtel assez tôt pour me baigner.

Comme la tradition balnéaire des Turcs reste vivante à travers les siècles, je ne vais tout de même pas quitter le Balaton sans un petit séjour auprès d'un lac thermal parmi les plus étendus au monde. Cinq hectares, 33 °C l'été, 24 quand il gèle l'hiver. Alors monte de ses eaux une vapeur bienfaisante qui permet aux curistes, installés sur des anneaux de mousse flottants, de s'isoler dans un brouillard chaud. Longtemps ils somnolent à la surface des eaux sulfureuses tandis que le soleil, couché dès 16 heures, les abandonne à la nuit. À demi assoupis, ils peinent à retrouver un endroit où les équipements balnéaires construits sur pilotis leur offrent une échelle pour regagner les douches. J'en conclus que je préfère les bains chauds à la mélancolie de l'hiver du Balaton.

Neusiedlersee

Après ma courte cure thermale hongroise, il me faut une demi-journée de voiture pour rejoindre le Neusiedlersee. Pendant des siècles, ce lac a fait partie d'une même juridiction sans être coupé par une frontière. Le Burgenland, « pays des châteaux », l'entourait tout entier. Les Turcs en avaient été repoussés, les Esterházy y possédaient leurs palais et leurs protégés, tel Joseph Haydn. L'empereur depuis Vienne veillait sur ses sujets, qu'ils parlent allemand ou hongrois. Mais à la fin de la Première Guerre mondiale, quand l'Autriche-Hongrie a été dépecée par ses vainqueurs, la région a été rattachée à la nouvelle Autriche démocratique. Les habitants de Sopron, sa capitale, ont alors demandé à faire partie de la nouvelle République hongroise. Un vote populaire a confirmé la séparation. Le Burgenland s'est dès lors vu privé de sa capitale et de ses environs. C'est ainsi que la partie sud du lac, autour de Sopron, est passée sous contrôle hongrois.

Après la Seconde Guerre mondiale, une fois la Hongrie libérée par l'Armée rouge, la frontière autour de Sopron et à travers le lac est devenue étanche jusqu'à se transformer en rideau de fer séparant l'Europe de l'Ouest des pays dits communistes.

Je veux voir l'endroit où le rideau de fer a été percé. J'ai été soigné par une dentiste hongroise qui m'a raconté les événements. C'est par là qu'elle est passée avant de rejoindre Berlin. En août 1989, l'Europe entière était en ébullition. Le régime de l'URSS vivait ses derniers jours et les gouvernements des pays satellites, comme la Hongrie, ne prenaient plus leurs ordres chez le grand frère soviétique. Cela se passait tout au sud de la rive est du Neusiedlersee, là où la route qui mène de l'Autriche à la Hongrie était coupée par une double rangée de barbelés. Derrière ce rideau de fer, côté hongrois, sur une vaste prairie, une manifestation pacifique avait été convoquée. Les deux gouvernements avaient décidé d'ouvrir la frontière pour quelques heures afin de permettre un pique-nique amical.

Quelque temps auparavant, le 27 juin de la même année, les ministres des Affaires étrangères hongrois et autrichien s'étaient retrouvés à quelques kilomètres de là pour tailler de manière symbolique le barbelé entre les deux pays. Le 2 mai déjà, la Hongrie avait désactivé les systèmes de sécurité frontaliers.

Le 19 août, au début de l'après-midi, le passage est ouvert, comme il l'avait été lors de la révolution hongroise de 1956.

En trois heures, sept cents habitants de l'Allemagne de l'Est en profitent pour filer en Autriche. Merci pour le pique-nique.

Les douaniers hongrois sur place laissent faire, leur chef de poste leur ayant dit qu'en l'absence d'ordres précis ils ne devaient pas intervenir. Complètement désemparés, certains officiers hongrois se contentent de dissuader verbalement les fugitifs, mais sans les intimider le moins du monde.

À cette époque, de très nombreux citoyens de la RDA se trouvent en vacances en Hongrie, guettant l'occasion de passer à l'Ouest. Ils entendent tous parler de la réunion pacifique, mais craignent une provocation organisée par le gouvernement hongrois. C'est pourquoi seules sept cents personnes profitent de cette ouverture. Tout de suite après la fin du pique-nique, les douaniers reçoivent l'ordre de ne plus laisser traverser quiconque. La fermeture est maintenue jusqu'au 11 septembre 1989, quand le passage vers l'Autriche est officiellement ouvert.

Je visite cet endroit historique, berceau de l'ère post-soviétique. Il s'agrémente d'une installation plutôt pompeuse. Le parcours explicatif de même que les statues à la gloire des fugitifs, de style réaliste socialiste, ont une touche paradoxale. La situation en trente ans s'est inversée. Alors que le poste de douane hongrois est à l'abandon, l'entrée sur le territoire autrichien est désormais très surveillée. Ma voiture aussi est arrêtée par un soldat chargé d'éviter le passage de migrants arrivant de plus à l'est que la Hongrie.

Malgré la frontière, la géographie du lac présente une belle unité. Son impressionnante ceinture de roseaux, atteignant cinq kilomètres de large, n'est percée qu'en huit endroits par des routes rectilignes qui mènent jusqu'à l'eau dégagée. Aucun village n'accède au lac sans traverser cette ceinture. Après une nuit à Sopron, je me propose de découvrir l'un après l'autre les huit points de contact entre le lac et la terre ferme *via* la roselière, une manière d'organiser mon tour.

Le premier de ces points se trouve à sept kilomètres au nord-est de Sopron, toujours en Hongrie. Je passe d'abord près d'une carrière qui abrite en été des festivals. On y a trouvé les restes d'un culte à Mithra, qui fut celui des Romains quand cette région appartenait à la province de Pannonie, s'étendant jusqu'aux rives du Danube. Après la carrière qui en cette saison n'est qu'une exploitation de roches laissée à l'abandon, j'atteins Fertörákos, Kreisbach en allemand.

Du village, je continue vers l'est par une colline plantée de vignes d'où se découvre un vaste panorama sur le lac et la roselière couleur paille qui le rejoint. La route est rectiligne, flanquée d'un canal menant à un grand parking. Comme je me trouve dans un parc naturel protégé, des panneaux recommandent de ne pas écraser les grenouilles qui traversent. Dans une cabine minuscule, deux gardiens bourrus actionnent la barrière qui laisse passer ma voiture. Ils me donnent une permission gratuite pour une heure, précisant bien qu'il m'est interdit d'enjamber les clôtures des grandes maisons de bois. Elles sont quelques dizaines au toit de chaume, construites sur pilotis et accessibles depuis un ponton. Jusqu'en 1989 elles étaient des résidences d'été de la nomenklatura communiste. Les unes ont été privatisées, d'autres rasées, il n'en reste que les piliers plantés dans la vase ou quelques planches branlantes. Certaines d'entre elles laissent entrevoir par leurs baies vitrées un confort insolent. L'été, un ponton propose un embarquement vers l'Autriche. Ces maisons qu'on dit flottantes bien que solidement arrimées ont des allures à la fois préhistoriques et très modernes. Personne en vue pour ramasser le cygne mort sur l'interminable passerelle. A-t-il chanté pour quelqu'un avant de mourir ?

Les vagues agitées par le vent des steppes donnent à l'eau une couleur beige à laquelle, moi qui aime le bleu d'autres lacs, je peine à m'habituer. J'y trempe un doigt timide : goût salé, car le Neusiedlersee est un marais comme le dit son nom hongrois, Fertö. L'eau ne s'en échappe que par un petit canal de régulation et par évaporation naturelle. Plus celle-ci est importante, plus la teneur en sel et en soude augmente. En 1930, après un été particulièrement chaud, on a mesuré 15 grammes de sel par litre. La profondeur du lac ne dépasse pas deux mètres. À de nombreux endroits, on passe d'une rive à l'autre sans perdre pied. D'où le fond plat des bateaux.

De retour sur la terre ferme, je pourrais emprunter un chemin dans la forêt pour traverser l'ancien rideau de fer et me retrouver en Autriche, rive ouest. Bien que la route soit carrossable, elle n'est autorisée qu'aux cyclistes. Les douaniers autrichiens n'aiment pas que des migrants venus de Syrie ou de plus loin encore essaient de s'y aventurer de nuit.

Avec la voiture, je repasse par l'intérieur des terres pour rejoindre, après la frontière, Mörbisch, Feröneggyes en hongrois et Merbis en croate. En 2001, ce village typique du Burgenland autrichien a été inscrit au patrimoine mondial. Il n'était alors constitué que de deux rues parallèles auxquelles venaient s'accrocher des maisons cossues, étroites, étirées vers une arrière-cour. La pression économique sur l'immobilier a augmenté. Le village depuis lors compte plusieurs nouvelles rues dont la Raiffeisengasse, du nom d'un célèbre économiste allemand. Ici aussi, pour atteindre le lac, je dois franchir quelques kilomètres de roselière en ligne droite. J'atteins un vaste parking qui borde à la fois des bains publics et un grand amphithéâtre dont les milliers de sièges font face à une scène flottante. Depuis 1955, chaque été, 220 000 spectateurs viennent suivre les représentations d'opéra de la *Seebühne*, « scène sur le lac ». L'hiver ne demeurent que les pylônes des haut-parleurs et des projecteurs, les cabines de régie, la machinerie, les constructions pour le rangement des décors. Ce jour-là, seuls deux pêcheurs lancent leurs lignes dans l'eau trouble qui claque contre les bouées.

À une dizaine de kilomètres de Mörbisch, le village de Rust offre une troisième traversée de la roselière. J'y retrouve encore une fois un grand parking désert, ainsi qu'un restaurant fermé entouré de terrasses sur pilotis. Cachées par les hautes tiges des roseaux, quelques cabanes luxueuses attendent la bonne saison. Au retour, je jette un œil intéressé à Rust, un célèbre village qui se situait au bord de l'eau jusqu'en 1860. C'est dire à quel point le niveau du lac varie. Sans même parler des dix mille dernières années. D'après les chroniques, il était complètement à sec en 1865. On pouvait alors se rendre de Rust à Podersdorf, le village d'en face, en marchant. Puis il s'est de nouveau rempli. Pour le stabiliser, un canal d'évacuation a été construit malgré lequel il a continué de fluctuer, inondant parfois les villages riverains. On comprend pourquoi la surface du lac ne peut qu'être estimée, 320 kilomètres en moyenne. On dira donc que sa longueur varie autour de 34 kilomètres et sa largeur entre 4,5 et 8 kilomètres. Son canal d'évacuation est le point le plus bas de tout le territoire autrichien, 113 mètres seulement au-dessus du niveau de la mer.

Rust, très vieux village, remonte au temps des hordes hongroises. Sa réputation actuelle repose sur son patrimoine bâti, ses vignobles et ses cigognes. La place du marché, dont la forme rappelle en plus modeste celle de la place Saint-Marc à Venise, est entourée de maisons médiévales bien entretenues. Les églises, leurs fresques, l'hôtel de ville, les caves, les greniers, tout est léché, répertorié, documenté. Ses remparts contre les envahisseurs turcs ont été plusieurs fois reconstruits. Depuis toujours, la richesse du lieu vient des vignobles des alentours. Outre le riesling, le cépage le plus recherché est le blaufränkisch, vendu aux quatre coins de la planète. Un tiers de la production vinicole est exporté. Sur les toits de Rust, ses clochers, ses cheminées, la fière « ville des cigognes » compte plus de cinquante nids. Les échassiers aiment le lac. Il y a donc plusieurs raisons de faire halte par ici, mais pour s'y attarder mieux vaut être riche, c'est l'un des endroits les plus chers du pays.

Breitenbrunn, Fertöszeleskut en hongrois, est le quatrième village qui s'est ménagé un accès au lac à travers la roselière. Je remarque de loin son imposante tour carrée, haute d'une douzaine d'étages. Elle servait à guetter les intrusions des armées de l'Empire ottoman. Elle abrite aujourd'hui un petit musée où somnole parmi des restes préhistoriques le squelette d'un ours retrouvé dans une grotte. D'abord gothique, la tour est passée au baroque avant quelques adjonctions récentes comme une horloge et des escaliers confortables. Ils mènent à une plateforme d'où la vue s'étend sur les toits du village, les vignes et le lac dans le lointain. Je mesure encore mieux l'étendue de la roselière en la surplombant. Lors de sa traversée, je découvre d'importants projets touristiques affichés sur de grands panneaux. Aujourd'hui il n'y a que quelques paillotes au toit de chaume pour abriter les baigneurs du soleil de juillet, mais bientôt ce sera une marina de bateaux de plaisance, des restaurants, des îles artificielles, des lotissements de résidences sur pilotis et pourquoi pas un casino. La publicité multicolore fait dire au lac : je suis fier de vous accueillir. Qu'est-ce qu'elle en sait ?

Dans *La Mer encore* dont j'avais photocopié quelques pages, Ilma Rakusa raconte un voyage de son enfance sur le Neusiedlersee : « C'était un glissement silencieux, très lent, afin de ne pas effrayer les oiseaux. Car c'était pour eux que nous étions venus. Ils étaient déjà réveillés. Cris, chants, gazouillis et sifflements, bruissements dans les roseaux. Quelques croassements épars. Puis tout s'apaisa, puis recommença. Un butor étoilé, dit l'homme tout doucement. Et il pointa le doigt dans les roseaux où s'étirait un héron. Nous étions tout œil et tout ouïe, tandis que le gris de l'aube virait progressivement au rose. Le temps ne s'était donc pas esquivé de ce paradis. Les voies d'eau étroites se ramifiaient, s'enfonçaient plus loin encore dans le royaume des roseaux. Des canards prirent leur envol, des cigognes, des ibis. Je me demandais comment nous allions faire pour retrouver notre chemin dans cette jungle.[7] »

Je fais halte pour la nuit à l'extrémité nord du lac, Neusiedl, 8 200 habitants. De Vienne, à cinquante kilomètres de là, le train est direct. L'autoroute A4 qui relie les capitales de l'Autriche et de la Hongrie frôle le nord du bourg. La nuit tombe très tôt et je déambule dans les rues désertes où la lumière s'estompe. Les rives sont aménagées pour les estivants : cabines, douches, gazon, buvettes et crèches. Lieu convoité depuis toujours, la ville a été incendiée par les Mongols. D'où son nom une fois reconstruite en 1282 :

7. *La mer encore*, traduit de l'Allemand par Patricia Zurcher, Éditions d'en bas, 2013.

les nouveaux (*neue*) colons (*Siedler*). Par la suite, dans les guerres contre les Turcs, les dévastations se répètent, de sorte qu'il ne reste aucun vestige d'avant le XVIIe siècle, à l'exception des ruines d'une tour avec des murs de trois mètres d'épaisseur. Les historiens s'en disputent l'origine.

Au bord du lac, mais cachés dans les roseaux, je découvre de nombreux logements de vacances sur pilotis, mais aussi des résidences permanentes à deux étages avec un garage pour au moins deux canots à moteur. Visiter ce genre d'endroit par un crépuscule de décembre n'est peut-être pas une bonne idée. Le vent provoque d'impressionnantes vagues qui raclent la vase du fond et donnent à l'eau une consistance sableuse où se reflètent les dernières lueurs du jour. D'ici à l'extrémité sud du lac, la différence due à la courbure de la Terre est de plus de 10 mètres. Impossible donc d'apercevoir dans cette direction autre chose qu'une ligne qui sépare le ciel de l'eau. D'après ceux qui ont mesuré ce phénomène, en cas de fort vent du sud, une importante masse d'eau se déplace vers Neusiedl. C'est comme si la surface du lac était en pente.

Le lendemain matin, par un ciel gris de source lumineuse indistincte, je vise Weiden, auquel a été adjoint la dénomination « am See » pour indiquer que l'accès au lac se fait pour une fois sans avoir à traverser une roselière trop large. L'aménagement touristique des rives prolonge le village. Sur les pontons lancés vers le large, quelques pêcheurs emmitouflés. L'eau trouble et agitée me fait penser que les poissons ne peuvent repérer l'appât. Des pêcheuses bredouilles se consolent devant un alignement de verres vides au restaurant Das Fritz. En 1929, par un hiver plus rude que d'autres, le lac gelé en profondeur n'a laissé survivre aucun poisson. Ce désastre en cachait un autre : les oiseaux, migrateurs ou pas, sont restés sur leur faim. Il a fallu reconstituer la faune par des importations massives.

Pour mieux comprendre l'atmosphère particulière de ces lieux en été, rien de plus captivant que la lecture de *Der See* de Gerhard Roth, publié en allemand en 1995. Manque une traduction française. Un homme qui a perdu de vue son père est soudain rappelé par lui sur les bords du Neusiedlersee. Quand il arrive après un long voyage, le père a disparu, son voilier a coulé. Un meurtre ? Le fils enquête et découvre autour du lac toutes sortes de trafics qui traversent sa frontière. Le roman emprunte au genre policier pour mieux détailler le lieu, l'atmosphère angoissante des roselières, les campings misérables, les braconniers, la haine entre les humains, toutes choses qu'on peut trouver charmantes quand on n'est que de passage autour du lac l'hiver.

À partir de Podersdorf, Pátfalu en hongrois, la barrière de roseaux est de nouveau impressionnante et à perte de vue. Ici se termine la platitude de la steppe orientale. Nombreux étangs, j'en compte quarante-cinq sur la carte, mais ça doit varier en fonction du niveau du lac. Surfaces facilement inondables, routes carrossables construites sur des talus. De petits canaux drainent partout des terres noires où se côtoient herbages, vignes, roseaux et marais. Maintenant que le soleil est enfin là, ça ressemble à la Camargue avec ses ciels immenses où chaque nuage évoque un monde. Sur l'horizon, des centaines, oui, des centaines d'éoliennes profitent du vent qui prend de la vitesse sur terrain plat comme sur un océan. Malgré leur hauteur de cent mètres, ces moulins à vent d'acier ne sont que doigts de nain, incapables de griffer le firmament.

Illmitz est le dernier des huit villages reliés au lac par un passage à travers la roselière, non loin de Podersdorf. La route goudronnée fait un détour par l'intérieur des terres. Un autre cheminement, accessible aux piétons et aux véhicules agricoles, s'approche des rives, serpente entre les étangs d'une zone protégée. Nombreux et bruyants oiseaux, même en décembre. Des pancartes expliquent au citadin que la cigogne est certes la plus connue et la plus grande des espèces, mais qu'il en existe des dizaines d'autres dont on reconnaît la silhouette à l'envol, en plongée ou en regroupements célestes. Toute une science que je voudrais partager et surtout ne pas oublier dès que j'aurai tourné le dos au lac.

À Illmitz, juste avant la frontière hongroise, j'admire les dernières toitures de chaume de la région. Bien que les roseaux fournissent une abondante matière première pour les entretenir, ils sont remplacés par des tuiles ou du carton bituminé. D'imposantes granges témoignent que ce village a été jusqu'au XIXe siècle un centre d'élevage bovin. Les vaches ont cédé la place à quelques chevaux et à beaucoup de tracteurs. Pour avoir de l'eau potable, la commune a dû creuser un puits de cent quatre-vingt-huit mètres de profondeur, qui paraît ridicule au vu de la quantité d'eau qui l'entoure. Mais elle est trop salée. Voici comment Ilma Rakusa s'en souvient : « Illmitz s'étendait en long et en large, sans véritable centre, c'est ainsi que je la garde en mémoire : généreusement plantée dans la steppe. Il fallait faire un bon bout de chemin pour se rendre jusqu'à la jetée, et sur la jetée qui s'avançait dans le lac, presque un kilomètre encore au milieu des roseaux. Une bande dense, d'où l'on entendait croasser, siffloter, gazouiller, je me déplaçais à pied pour entendre les bruits. Pour ne pas en faire moi-même. Il y eut des couchers de soleil flamboyants et des matins blafards et caquetants. L'air était humide, il sentait légèrement la vase.[8] »

En terminant mon tour du Neusiedlersee, je retrouve mon point de départ, juste avant l'aire de l'historique pique-nique austro-hongrois. Malgré un lac moins accueillant pendant les courtes journées de décembre, quelques enfants insouciants profitent du ciel immense et du vent glacial pour y faire monter leurs cerfs-volants. Je les vois courir sur l'horizon comme si, à la limite des vagues, les bras en l'air, accrochés à des filins, ils allaient eux-mêmes s'envoler. Visiter les lacs l'hiver, je crois que ce n'est pas vraiment une bonne idée.

8. *Ibid.*

FRONTIÈRES NORDIQUES

Lac Peïpsi

Alexandre Nevski d'Eisenstein est un film que je revois tous les dix ans avec le même plaisir. Tourné en 1938, il raconte la bataille sur un lac gelé entre des chevaliers Teutoniques lourdement armés et des paysans russes emmenés par le prince Nevski. Musique originale de Prokofiev. On est le 5 avril 1242, l'ordre Teutonique contrôle la Pologne et les pays Baltes et veut s'attaquer à la Russie. Les chevaliers visent la ville de Novgorod, leur plan va lamentablement échouer. Les troupes russes les repoussent sur le lac où le dégel a commencé. Cuirasses et chevaux sont trop lourds, les eaux du lac les engloutissent.

En 1938, les divisions blindées de Hitler menaçaient l'Union soviétique. Une nouvelle campagne de Russie à la Napoléon se dessinait, qui allait finir à Stalingrad et à Berlin après des millions de morts. Porté par un souffle épique, le film d'Eisenstein annonçait la guerre contre les nazis. Tous les clichés d'un cinéma de propagande y figuraient :

le héros blond, les méchants chevaliers aux ordres d'une autre religion, les courageux paysans russes. Pourtant, chaque fois que je revois *Alexandre Nevski*, j'ai l'impression de revivre cette bataille alors que tout y est aussi convenu que dans un opéra ou un drame classique. J'en guette en tremblant un dénouement qui ne saurait me surprendre. Miracle de la mise en scène d'Eisenstein.

J'ai retrouvé le fameux lac dont les glaces se referment sur la noyade des chevaux cuirassés et de leurs cavaliers affolés. Il s'appelle le Peïpsi ou, selon d'autres, le Peïpous.

Quand on remonte vers le nord depuis la Pologne, le long de la Baltique sans la traverser, on trouve dans l'ordre Kaliningrad, une exclave russe, puis la Lituanie, puis la Lettonie et enfin, juste avant la Russie, l'Estonie et sa capitale Tallinn. Je continue de longer la mer sur deux cents kilomètres en voiture et finis par arriver à la frontière de l'Union européenne, là où elle touche la Russie. Le fleuve Narva sert de limite. En le remontant, je trouve le Peïpsi dont les eaux sont partagées par la frontière sur plus de trois cents kilomètres. Il est actuellement le plus grand lac frontalier d'Europe. Sa superficie représente six fois celle du Léman, mais sa profondeur moyenne de cinq mètres explique pourquoi, l'hiver venu, il gèle si facilement.

Les Estoniens n'ont pas été favorisés par l'histoire, le Peïpsi n'a pas toujours été frontalier. Dès le XIIIe siècle, l'actuelle Estonie a été conquise par les très catholiques chevaliers Teutoniques que l'armée de Nevski a réussi à ne pas laisser pénétrer plus avant. Au XVIIe siècle, la région est passée sous domination suédoise. Au début du XVIIIe siècle, après la défaite de la Suède, Catherine II s'en est emparée. Contre la langue estonienne et les velléités d'indépendance, les tsars ont imposé la russification des institutions. Après la révolution soviétique, les Russes se sont retirés et, en 1918, l'indépendance de l'Estonie a enfin pu être proclamée.

Mais c'était compter sans l'accord secret entre Staline et Hitler. Au printemps 1940, l'URSS s'empare de l'Estonie. Peu de temps après, les nazis rompent l'accord, envahissent le pays, déportent les Juifs et rapatrient les Allemands installés là depuis plus de cinq cents ans. À la fin de la guerre, l'Armée rouge réinstalle le pouvoir soviétique. Les Estoniens sont déportés en masse dans la lointaine Sibérie orientale et remplacés par des Russes. À la suite de la déconfiture de l'URSS, l'Estonie, qui n'avait existé que de 1918 à 1940, redevient indépendante.

Depuis 1991, le Peïpsi, qui se trouvait à l'intérieur du même pays pendant les époques tsaristes puis soviétiques, est de nouveau traversé par une frontière, comme au temps d'Alexandre Nevski. Voilà pourquoi je visite ce lac redevenu international. En hiver, j'espère retrouver les paysages du film et comprendre comment les pêcheurs, qui avaient pu y naviguer sans jamais être retenus par des douaniers, se voyaient désormais empêchés de se déplacer librement d'une rive à l'autre.

Après trois cents kilomètres de voyage enneigé depuis Tallinn, j'arrive pile au milieu de la rive ouest du Peïpsi.

L'hôtelier me dit : « Vous avez de la chance, la police vient de libérer une bande de trois kilomètres de glace à l'intérieur du lac. » On considère qu'il est assez gelé sur ses bords pour que les pêcheurs y circulent à pied ou en scooter des neiges. Plus au large, la glace n'est pas encore assez solide. Dans sa plus grande largeur, le lac mesure quarante-neuf kilomètres. Il faudrait encore attendre quelques semaines pour que la surface totale soit praticable. On est le 23 décembre.

À cette époque de l'année, le soleil se lève à 9 h 15 et se couche à 15 h 10, mais en général il se contente de produire une lumière blanche. Elle donne au ciel la même teinte que la neige qui recouvre tout et surtout les routes devenues une patinoire pour les véhicules qui pivotent facilement, à plat ou en tonneau.

Je n'ai pas besoin de me lever très tôt pour aller explorer les bords du lac pendant les heures où il fait jour. Le 24 au matin, veille de Noël, je me rends dans le village de Kallaste que je sais peuplé de vieux-croyants, c'est-à-dire de dissidents de l'Église orthodoxe russe qui, n'ayant pas accepté les réformes de la liturgie en 1666, ont été persécutés et sont venus se réfugier sur la rive occidentale du Peïpsi. Ils forment la majorité du millier d'habitants de Kallaste. Ils ont construit de petites maisons de bois peintes de couleurs vives, où le bleu et le vert pomme dominent. Je commence par visiter leur cimetière sur un petit plateau face au lac, sans doute le plus beau site de la région. Les croix orthodoxes barrées à leur manière y sont serrées les unes contre les autres, comme pour se protéger du froid. Quand je pousse la grille du cimetière, je fais la première trace dans la neige fraîche. On n'est pas venu honorer les morts depuis longtemps. Le village est désert, silencieux sous la blancheur. Devant plusieurs maisons, des barques retournées sur des trépieds passent l'hiver. Seules une ou deux vieilles, toutes menues, appuyées sur des déambulateurs à patins, se glissent le long de la rue principale. Elles ne tournent même pas la tête à ma tentative de les saluer.

L'interdiction de s'aventurer sur la glace n'a pas encore été enlevée. La police n'arrivera que plus tard pour dévisser soigneusement un panneau, remplacé par un autre. Je me risque tout de même sur le lac. Au début j'hésite parce que, grattant la neige, je vois que la glace est mince et que, par endroits, de l'eau a fait surface et mouille la neige en grandes flaques. Puis je trouve la trace d'un marcheur qui devait tirer une luge. Je l'aperçois au loin, point noir immobile sur l'horizon blanc. Je m'avance, tendant l'oreille à tout craquement suspect. Il fait sans doute plus froid que les – 8 °C indiqués par mon téléphone, le vent glacial mord mes joues nues. Au bout d'un quart d'heure, le village au loin n'est plus qu'une mince ligne grise.

Je me suis renseigné sur la technique de pêche : on perce la glace en un cercle d'une vingtaine de centimètres de diamètre. Comme la lumière y pénètre, les poissons y sont immédiatement attirés. Le pêcheur plonge son hameçon par l'orifice et quand ça mord, il n'a plus qu'à ramener sa prise à la surface. Je me dirige donc vers le point noir, il se dédouble : il s'agit de deux pêcheurs. L'un s'est installé sous une tente minuscule qui l'abrite lui et son trou. L'autre n'a fait que tendre un paravent dans son dos pour se protéger du vent.

Comme je ne sais si mes pas dérangent le poisson, je m'arrête à bonne distance pour demander par gestes la permission de m'approcher. Je suis le bienvenu. Le pêcheur qui est sous tente ouvre une petite fenêtre dans la toile pour me saluer et l'autre m'explique tout en anglais. Avec une espèce d'énorme tournevis, il a foré son trou. L'épaisseur de la glace ne dépasse pas dix centimètres. Les perches qu'il me montre dans un sachet ne sont guère plus grandes que celles du Léman.

La veille au soir, j'ai pourtant trouvé dans mon assiette un seul filet de perche qui la couvrait tout entière. « Celles-là, ces grandes perches, m'a dit le pêcheur, on ne les trouvera que plus tard, quand la limite des trois kilomètres aura été levée. » Il fixe ses asticots sur l'hameçon à mains nues et ne semble pas être sensible au froid qui me transperce.

Jamais encore je n'ai été confronté à une si grande étendue de neige absolument plate. Pas une bosse, pas un creux et bien sûr pas la moindre végétation. D'habitude, quand j'emploie l'expression « à perte de vue », je ne pense qu'à une perte partielle où l'horizon reste une ligne qui sépare le ciel de la surface où je pose mes pas. Mais en ce lieu, en ce moment, la fine ligne grise du village est tout ce qui me relie encore à quelque chose de connu. Je sais qu'en continuant vers le large viendra un moment où même cette référence aura disparu. Vertige de la blancheur. Le *white cube* de la nature, son côté surnaturel.

Dans quelques jours, quand la glace sera assez solide, je pourrai donc marcher droit devant moi pendant des heures avant de rencontrer peut-être les miradors de la rive russe. Ou bien ne rien rencontrer du tout parce que je me serai perdu dans un désert de glace dont la seule vie est sous mes pieds.

Avant d'entreprendre ce voyage, j'ai noté dans mon calepin une citation d'un roman de Jules Verne, *Un drame en Livonie*. Son héros s'enfuit de Russie, traverse le lac gelé en plein blizzard. Comme à son habitude, Jules Verne ne manque pas de renseigner sa lectrice et son lecteur : « Le lac [...] est fréquenté, pendant la saison chaude, par des pêcheurs qui exploitent ses eaux poissonneuses. La navigation s'y effectue au moyen de ces lourdes barques, rudimentaire assemblage de troncs d'arbres à peine équarris et de planches mal rabotées, nommées *struzzes*, qui transportent par les déversoirs naturels du lac, aux bourgades voisines et jusqu'au golfe de Riga, des chargements de blé, de lin, de chanvre. Or, à cette époque de l'année, et sous cette latitude des printemps tardifs, le lac Peïpous n'est pas praticable aux embarcations, et un convoi d'artillerie pourrait traverser sa surface durcie par les froids d'un rigoureux hiver. Ce n'était encore qu'une vaste plaine blanche, hérissée de blocs à sa partie centrale, embarrassée d'énormes embâcles à la naissance des fleuves. Tel était l'effrayant désert que le fugitif franchissait d'un pied sûr... »

Le pêcheur aux mains nues me dit être né dans le village qui se devine au loin d'un père estonien et d'une mère qui vient d'ailleurs. Ce qu'il fait là aujourd'hui, c'est son divertissement. Il est revenu au village pour Noël, ayant trouvé du travail en Norvège. D'où sans doute son anglais correct et sans cet accent estonien qui le rend difficile à comprendre. Quand je lui demande où est l'ailleurs de sa mère, il répond à l'étranger. Et comme je lui suggère la Russie, il dit oui. J'ai remarqué à d'autres occasions que les Estoniens, même quand ils s'expriment en anglais avec un fort accent russe, n'aiment pas reconnaître cette origine. Dans l'Estonie d'aujourd'hui, ceux qui ne parlent pas au moins mille cinq cents mots d'estonien ne peuvent pas avoir la nationalité du pays, même s'ils y vivent depuis très longtemps. Désormais les Russes, bien qu'ils aient été déportés dans la région contre leur gré, sont considérés par les Estoniens comme d'anciens envahisseurs. Pas facile d'oublier la blessure des siècles. Je lui dis que je viens de Suisse. Il me fait un grand sourire et on se quitte en se souhaitant bonne chance.

En revenant sur la terre ferme, je me précipite dans la voiture pour me réchauffer, puis me mets en quête du musée des Vieux-Croyants qui doit se trouver dans le prochain village de la rive occidentale. Je voudrais en savoir un peu plus à leur sujet que le fait qu'ils sont « grands cultivateurs d'oignons et de concombres ». Le musée est ouvert toute l'année, disait le guide. Mais à voir l'absence de traces dans la neige tout autour de la maison basse marquée *Musée*, je déchante. Reste à trouver un restaurant, et pourquoi pas un café. En été ils sont là pour les vacanciers qui viennent dans leur camping blotti dans les roseaux ou les petits hôtels. Mais à cette saison, et un 24 décembre, je dois me contenter d'un magasin qui vend poissons séchés et conserves d'anguilles. Le tout avec de la bière qui porte par ici le nom de Le Coq depuis 1807, une marque qui évoque le destin tourmenté de l'histoire estonienne. Fondée par un Belge de Londres, reprise par un baron allemand, nationalisée par les Soviétiques, privatisée, rachetée par les Finlandais, et ça n'est pas fini.

Dans les jours qui suivent, je me balade encore jusqu'à l'extrémité sud du lac, à l'endroit où il rétrécit tellement que je peux apercevoir la Russie sur son bord opposé. Elle fait signe deux fois. D'abord par une tour d'observation inquisitrice en tubulure métallique. Ensuite par les bulbes argentés d'une église orthodoxe autour de laquelle se blottissent des maisons villageoises.

Alors je revois, sans avoir besoin d'un écran, la scène d'*Alexandre Nevski*, quand sonnent les cloches des églises à bulbes qui appellent les paysans au combat contre l'envahisseur. La bande sonore de Prokofiev mêle bizarrement ces cloches aux chants patriotiques. Et comme la neige s'est remise à tomber, il me semble voir dépasser de la surface gelée du lac la lance rouillée d'un chevalier Teutonique.

Lagon de Courlande

J'ai quitté le Peïpsi en visant grâce au GPS le lagon de Courlande. L'itinéraire traverse Tartu et Riga, la capitale de la Lettonie, où je séjourne deux jours, traînant dans la ville, ses marchés et ses monceaux de neige sale. C'est là que, dans un hôtel miteux, je passe le réveillon à me documenter sur les habitants de ce fameux lagon à cheval sur la Russie et la Lituanie.

Sur la bande de terre qui ferme le lagon, je décide de commencer mon voyage par la maison de Thomas Mann. En 1929, il reçoit le prix Nobel de littérature et la somme d'argent qui l'accompagne, il a 54 ans. Il se rend en vacances avec sa famille dans une région qui ressemble à celle de sa Lübeck natale. L'isthme de Courlande a longtemps fait partie de la Prusse orientale, mais depuis dix ans, sa moitié nord, où se trouve Nidden, aujourd'hui Nida, appartient à une nouvelle nation, la Lituanie. Pour se rendre dans ce village de pêcheurs, l'écrivain et ses proches doivent prendre le train jusqu'à Berlin, puis le train encore jusqu'à Königsberg, Kaliningrad en russe. De là, en taxi jusqu'à Cranz pour prendre un bateau qui longe la côte de la mer Baltique jusqu'au village. Le visa lituanien se fait à bord.

Nida se trouve au milieu d'une bande de terre de cent kilomètres qui ne dépasse jamais quatre kilomètres de large. Elle sépare la mer d'un immense lagon d'une surface trois fois supérieure à celle du Léman, ma référence à chaque fois. La population de l'endroit parle allemand. C'est une villégiature privilégiée par les artistes.

Thomas Mann, séduit par la vue sur le lagon, choisit un terrain et un architecte local qu'il charge de construire une résidence familiale. Au XXIe siècle, elle est toujours là, plan traditionnel, deux étages, grande terrasse, façades de planches peintes en rouge suédois, encadrements et rives du toit bleu vif, le tout sous un épais toit de chaume. Sur l'arête faîtière, les corniches de bois se croisent en une décoration pareille à celles qui se trouvent sur les maisons de pêcheurs de la Baltique.

L'isthme de Courlande, auquel s'accrochent quatre autres villages, s'étire du nord au sud avec une largeur qui se rétrécit à certains endroits jusqu'à quatre cents mètres. L'eau du lagon est légèrement salée, profondeur maximale de huit mètres. Nombreux affluents, dont le plus important, le Niémen, a presque mille kilomètres. Un seul passage tout au nord permet à l'eau du lagon de se déverser dans la Baltique.

L'isthme, aussi dénommé flèche de Courlande, s'est formé et déformé au cours de cinq millénaires. Lors des sièges de Königsberg au XVIIIe siècle et pour la construction navale, trop d'arbres qui retenaient le sable ont été coupés et très vite la faible couche d'humus a disparu. Le sable a englouti les maisons, recouvert les villages. En trente ans, certaines dunes ont augmenté leur hauteur de dix mètres. Pour que l'isthme ne soit pas avalé par la Baltique, il a fallu reboiser avec l'aide de milliers de prisonniers français de la guerre de 1870. Beaucoup sont morts d'épuisement, les hivers de la Courlande sont terribles.

Quand Thomas Mann découvre l'endroit, il passe l'été de 1930 avec toute sa famille dans sa nouvelle maison de Nida. C'est là qu'il commence la rédaction d'un nouveau cycle littéraire dont Joseph est le personnage principal. L'auteur prétend que les dunes qui entourent sa maison lui rappellent celles de l'Égypte où se situe son roman. Lors d'une conférence au Rotary Club de Munich en 1931, il en parle en ces termes : « Le lagon, la Baltique, le monde fantastique des dunes mouvantes, les forêts de pins et de bouleaux habitées par des élans, la splendeur sauvage de la plage, tout nous poussait à faire construire en ce lieu reculé une résidence permanente. »

Les habitants de Nida ont tôt fait d'appeler sa maison « la case de l'oncle Tom » et de nombreux touristes allemands viennent espionner la vie quotidienne du grand homme. Ça ne semble pas lui déplaire. C'est là qu'il rédige pour le *Berliner Tageblatt* sa fameuse prise de position à propos des violences de Königsberg, qui marquent la montée du nazisme en Allemagne. La famille Mann, emmenée par le patriarche de 55 ans, vient passer à Nida les étés de 1930, 1931 et 1932. L'année suivante, Hitler prend le pouvoir. Mann s'exile avec sa famille en Suisse. Il y meurt en 1955, sans avoir jamais revu sa maison. À cette date d'ailleurs, elle n'est plus en Allemagne ni en Lituanie, elle fait partie de l'URSS, comme Königsberg, rebaptisée Kaliningrad. Tout le lagon et les terres qui l'entourent sont sous le contrôle de Moscou. La case de l'oncle Tom est pillée, rien ne reste de son beau mobilier et des tableaux qui l'ornaient.

Je prends le bac à Klaipėda, anciennement Memel. Cette ville comptait 150 000 habitants au début de la Seconde Guerre mondiale. À la fin de la guerre, il ne restait qu'une centaine de vieillards. Après avoir mis ma voiture sur le bac, je rejoins à son extrémité nord la route qui va d'un bout à l'autre de l'isthme.

Comme l'hiver ne fait que commencer, le lagon n'a gelé que sur ses bords. La route traverse des forêts de plantation récente. Entre les troncs réguliers, j'aperçois les dunes de la Baltique à droite et, sur la gauche, par à-coups, des échappées sur le lagon. En cette saison, le parcours est peu fréquenté, il passe par quelques villages abandonnés par les foules estivales. Les bateaux ont été sortis de l'eau. À un poste de contrôle, contribution à l'environnement fragile, je paie 5 euros pour pouvoir continuer. Cinquante kilomètres plus au sud, un panneau annonce qu'il en reste autant pour rejoindre l'autre extrémité. Mais la route est barrée par les douaniers. Ici se termine l'Union européenne. En face, en haut d'un mirador, les uniformes sont russes. J'aurais dû avoir un visa. D'ailleurs, les voitures de location ne passent pas.

J'apprends que vers le sud la route est moins bien entretenue et les voitures moins rutilantes. Les Russes sont accusés de négligence écologique. Côté lituanien, les trois quarts de la superficie de la mince bande de l'isthme ont été décrétés parc naturel. Interdiction d'y pénétrer en dehors des sentiers. La végétation sous la neige semble variée, la faune comprend des élans, des cerfs, des sangliers. J'aperçois un ou deux lièvres. Selon la saison, de un à deux millions de migrateurs viennent nicher dans les roseaux. Je n'en vois aucun. À l'entrée des villages, d'immenses surfaces désertes goudronnées sont réservées aux cars de touristes. Tout semble réglementé, depuis la vitesse sur les routes, l'accès aux plages de nudistes côté Baltique jusqu'au tri des déchets. Dans le seul café ouvert de Nida, j'apprends aussi que pour prendre le bac par un beau jour d'été, il faut compter de trois à quatre heures d'attente. Seuls les autochtones ont la priorité. Quant à la maison de Thomas Mann, je ne peux la voir que de l'extérieur. Elle a été transformée en musée et les gardiens ont congé pour les fêtes de fin d'année. En revenant vers Klaipėda où se trouve mon hôtel, je m'intéresse à un autre prix Nobel de littérature qui a séjourné à Nida.

Dans cette région, l'histoire n'a jamais ralenti son cours. En 1965, un an après avoir refusé le prix prestigieux qui lui était attribué pour son œuvre romanesque et philosophique, Jean-Paul Sartre vient passer quelques jours d'été à Nida. Il est accompagné de Simone de Beauvoir. Ils arrivent de Moscou où, par permission spéciale de Khrouchtchev, ils ont obtenu le droit de se rendre dans l'isthme de Courlande, région hautement stratégique de la guerre froide.

Le récit de ces quelques jours d'août 1965 a été publié par l'écrivain Mykolas Sluckis, un colosse de deux mètres chargé d'escorter les deux Français qui acceptent d'être suivis aussi par un photographe de 26 ans, Antanas Sutkus. J'ai vu ses photos, elles feront date dans la légende iconographique du couple.

Selon le colosse, quand Simone et son compagnon débarquent à l'aéroport de Vilnius, capitale de la Lituanie, ceux qui sont venus les attendre avec des fleurs et dans l'espoir d'un autographe ne les reconnaissent pas. Ils s'étaient fait du couple une image plus princière et ce petit bonhomme à lunettes et canadienne, accompagné d'une dame coiffée d'un fichu, ne retient pas leur attention. Premier quiproquo. Il y en aura d'autres quand ces deux-là seront attendus pour un débat avec tout ce que le pays compte d'écrivains. Après un long voyage en voiture puis par le bac et le long des dunes, ils arrivent enfin à Nida, le 24 août 1965.

La dune la plus haute de l'isthme s'élève jusqu'à soixante mètres au-dessus du village. Pour la gravir contre le vent, il faut s'arc-bouter. Simone monte en ligne droite, Jean-Paul a plus de peine. Le photographe documente la scène.

Un demi-siècle plus tard, son cliché servira au sculpteur chargé d'immortaliser ce voyage. Au sommet de la plus haute dune, je trouve une statue de bronze représentant Sartre un peu plus grand que nature, arc-bouté face au vent des dunes. Tout y est comme sur la photo : les mains croisées dans le dos, la canadienne qui flotte, les lunettes de l'intellectuel.

Lors de l'inauguration du monument, le maire du village a déclaré qu'il espérait attirer ainsi des touristes français plutôt que des Allemands qui sont 50 000 chaque année à visiter la maison de Thomas Mann. Quant à Simone de Beauvoir, il n'en a pas fait mention. L'ambassadeur de France a, lui, inauguré à dix mètres de là un monument érigé avec l'aide du ministère des Armées de la République française et dont une plaque précise : « À la mémoire des prisonniers de guerre français qui ont contribué au développement du paysage de l'isthme de Courlande. »

Sur le socle de la statue de Sartre, deux phrases lui sont attribuées : « Je me sens comme si je frappais à la porte du paradis » et « C'est pour la première fois de ma vie que j'ai des nuages sous les pieds ». Je peux donc imaginer que ce jour-là, du sommet de la dune, Sartre s'est trouvé au milieu d'un brouillard rampant au-dessus du lagon comme au-dessus de la mer Baltique. Il est vrai que de là-haut la succession des vallonnements de la dune offre un spectacle impressionnant. J'y sens la fragilité de ce sol mouvant qu'il a fallu retenir pour que le vent ne l'efface pas. Le colosse qui accompagnait nos deux Français ce jour-là a noté dans son journal : « Les nuages se déplaçaient au-dessus des dunes comme des montagnes de sable, rampantes et glissantes. Leur ombre d'une blancheur aveuglante courait sans cesse, évoquant à la fois la mobilité, le scintillement, l'irréel et la puissance des eaux. »

À propos de Thomas Mann dont on a montré à Sartre la maison, il aurait dit : « C'est un auteur qu'en France on ne lit plus guère. » Craignons qu'un jour un prochain prix Nobel de littérature à qui on ferait admirer les dunes et le monument de Sartre ne s'exclame : « Ah oui, Sartre, un auteur qu'en France on a oublié. »

Depuis le passage du couple en 1965, la situation politique du lagon de Courlande a une fois encore changé. Il n'est plus tout entier en mains russes.

Avant la Première Guerre mondiale, il était sous le contrôle des tsars russes. Avant la Seconde, il était partagé entre la Lituanie et l'Allemagne, puis accaparé par l'Allemagne nazie. Après la guerre, il était entièrement au pouvoir des Soviétiques. Et depuis 1991, la Lituanie indépendante et l'exclave russe de Kaliningrad se le répartissent. La ligne de frontière coupe l'isthme, passe au milieu de l'eau et continue sur terre en partageant le fleuve Niémen.

Longtemps, j'ai été un admirateur de Simone de Beauvoir et de Jean-Paul Sartre que j'ai rencontrés au début des années 1960 dans un café parisien. Ils revenaient de Cuba, c'était avant leur séjour à Nida. Je ne suis pas sûr qu'ils aient bien évalué les horreurs du stalinisme.

FRONTIÈRES BALKANIQUES

Lac Shkodër

Je commence par passer deux jours à Tirana, capitale d'une Albanie mise à mal par la dictature d'Enver Hodja, la chute de la bureaucratie communiste, puis par la faillite de ses banques et la guerre des mafias locales. Je monte dans un bus pour Shkodër, puis dans un taxi jusqu'à une pension au bord du lac.

À douze kilomètres de la côte adriatique, séparé d'elle par une chaîne de montagnes dont le sommet atteint 1 600 mètres, le lac Shkodër, bassin d'eau langoureuse, s'écoule tranquillement vers son extrémité sud dans un fleuve qui cherche à en réguler le débit. Ça n'empêche pas sa superficie de fluctuer entre 350 et 540 km^2. Quand il est plein, son volume correspond à celui du Léman désormais assagi. Dans le cas du Shkodër, le plus grand des lacs balkaniques, les choses sont plus compliquées. Il possède une série d'affluents souterrains qui ne sauraient être jugulés. Par ailleurs peu profond, son rivage à l'est est plat et marécageux. Les deux tiers de sa surface appartiennent au Monténégro, le reste à l'Albanie.

Sur la côte ouest, très abrupte, deux petits villages albanais, Shirokë et Zogaj, s'adossent à une montagne bosselée de broussailles et de rochers calcaires. La route carrossable traverse le premier et s'arrête au second, ma pension est tout au bout. Ensuite, un chemin de terre continue jusqu'à deux kilomètres de la frontière monténégrine. Pas de prolongement, des maisons en ruine, un poste de police éventré sert d'écurie à quelques vaches qui broutent dans la garrigue. Au temps du communisme, cette rive du lac n'était accessible qu'aux militaires et aux villageois dont les déplacements étaient restreints et surveillés. La démarcation avec le Monténégro était hérissée de barbelés infranchissables et le lac était patrouillé nuit et jour par les sbires du régime d'Enver Hodja.

À l'extrémité de la route, à la sortie du village à moitié abandonné de Zogaj, se trouve la pension Balani dont les terrasses donnent sur une plage de galets. C'est un bon endroit pour comprendre la géographie et l'histoire de ce lac frontalier. En discutant avec l'aubergiste qui parle italien, j'apprends qu'il s'est marié il y a un mois avec une fille du pays. À l'âge de 12 ans, il est parti chez ses frères aînés émigrés en Italie, à Pescara. Là-bas, ils ont suivi le parcours obligé des Albanais. D'abord, ils ont travaillé au noir, planté des champignons, des fraises, cueilli le raisin. Ensuite, dix ans comme plâtriers, jusqu'à pouvoir se payer un camion équipé pour vider les fosses d'aisances et purger les canalisations. Cette solide entreprise a permis au petit frère de fréquenter une école de cuisiniers. Et le voilà rentré au pays pour monter sa propre affaire dans la maison de ses parents : un café-restaurant et cinq chambres que les touristes découvrent par hasard et au compte-gouttes. Le village possède une école, classe unique, fermée l'été, une épicerie, un second café et une mosquée.

Par ici les Albanais sont musulmans, mais la politique de l'imam n'est pas du goût de tous. Au temps du communisme, les religieux, s'ils étaient surpris à prier, risquaient la pendaison sur la place de Shkodra, la ville qui se trouve à l'extrémité du lac. Depuis 1996, à la fin de la période totalitaire qui a duré en Albanie plus longtemps qu'ailleurs, les persécutés ont pris leur revanche. Ainsi l'imam, dont la mosquée jouxte l'hôtel, prétend-il que le parking lui appartient et entend-il faire payer 5 euros par jour aux voitures qui stationneront là. Comme l'hôtelier ne partage pas cet avis, il est allé au tribunal. Ce que voyant, l'imam a débarqué avec cinq gros bras pour régler l'affaire à sa manière. Le père de l'hôtelier, 69 ans, s'en est tiré avec deux côtes cassées, le fils parle de vengeance. Les Albanais ne se remettent pas facilement de cinquante ans de dictature.

La pêche traditionnelle sur le lac se pratique avec de petites barques à fond plat et nez pointu. Mais les pêcheurs ont changé leur manière. Ces dernières années, ils y sont allés à la dynamite et à l'électricité, une pratique meurtrière. La police fermait les yeux contre quelques compensations.

Résultat : le poisson ne se reproduit plus, l'hôtelier se désespère.

Ces jours-ci, en plein été, le lac change de couleur d'heure en heure. Le matin, il prend toutes les nuances de bleu ; le soir venu, il passe au rose, sauf là où le vert sale s'impose à cause des îlots d'algues qui surnagent et dérivent. Sa température avoisine les 30 °C et de très longs serpents descendent de la montagne pour s'y rafraîchir. Leur tête qui sort de l'eau me décourage de la baignade.

Au printemps, c'est différent, comme le raconte dans *Haute Albanie* Edith Durham, une exploratrice britannique et artiste peintre : « Les eaux étaient vert émeraude et de délicats nuages blancs, tantôt nuages, tantôt ombres, jouaient par-dessus les montagnes spectrales d'un gris cendré aux sommets calottés de neige éblouissante.[9] »

Un tour en bateau sur le lac me permet de voir comment les riverains se sont installés. Je me mets d'accord avec un pêcheur pour une sortie d'une demi-heure en fin d'après-midi, quand le soleil tape moins et que les couleurs changent sur les montagnes râpées par le vent. Il demande 20 euros, une petite fortune dans un pays où le demi-litre de bière coûte 70 centimes. Il ne parle qu'albanais, mais sait compter ses sous en anglais. De temps en temps, il désigne du doigt un pélican esseulé sur l'eau ou le tracé d'un ancien chemin sous les crêtes. Croit-il que les serpents dans l'eau soient dangereux ? J'imagine qu'il me répond non.

9. *Haute Albanie*, Non Lieu, 2022.

Au retour de la promenade, il fait si chaud que je plonge dans le lac malgré la menace. Nager, n'est-ce pas la meilleure manière de connaître un lac ? Il faut écarter les algues, l'eau a quelque chose d'huileux et de parfumé. Je comprends que les serpents s'y plaisent. Il y en a sûrement d'aussi inoffensifs que des mouettes.

Par ici, rien n'est simple et l'histoire balbutie en permanence. La région est habituée aux guerres et aux découpeurs de frontières, qui se retrouvent loin du champ de bataille sans beaucoup de connaissance du terrain. Pendant les guerres balkaniques du début du XXe siècle, pas moins de cinq armées d'occupation se sont succédé sur place, et en 1939, avant même la déclaration de guerre, les fascistes italiens ont envahi l'Albanie, suivis par les nazis allemands.

De la terrasse de ma chambre à Zogaj, assis dans un fauteuil de plastique branlant, je distingue dans la brume les endroits sur la rive d'en face où, en 1998, la colonne des réfugiés kosovars venant du Monténégro a grossi chaque jour. Je repère aussi Koplik en Albanie, que l'OTAN avait bombardée par erreur. Les dernières hostilités datent du début du XXIe siècle quand des bandes armées mafieuses ont rançonné la région. Était-ce la dernière fois ?

Lac Prespa

À la gare routière d'Ohrid, je discute longuement avec un Français qui vient chaque année dans la région du lac Prespa pour faire du parapente. Le bus m'emmène à Resen et, de là, longe la rive ouest du lac Prespa. De ce côté macédonien, les villages ont tous été abandonnés. Quelques anciens habitants viennent encore passer l'été dans la maison de leur enfance. Les broussailles envahissent les jardins, les toits s'effondrent et la robinetterie est récupérée par des hôtes de passage. Il reste deux hôtels, fermés l'hiver, et un très grand complexe touristique à l'abandon, portes défoncées, vitres cassées.

L'hôtel Lakeview, où j'arrive au milieu de nulle part, arbore fièrement un drapeau national et un étendard des États-Unis d'Amérique. Les chambres spacieuses, une vingtaine sur deux étages, possèdent un large balcon donnant sur le lac. La tonnelle qui abrite le restaurant offre une fraîcheur bienvenue, le personnel se montre attentionné.

Malgré ça, en plein mois d'août, la moitié des chambres restent vides.

C'est un pari risqué : faire revivre cet ancien lieu de villégiature de la nomenklatura yougoslave du temps de Tito. Depuis 2013, deux enfants du pays, émigrés aux États-Unis dans le New Jersey, sont de retour avec leur fils de 25 ans, qui a terminé ses études d'économiste à l'université de Thessalonique. Le père a le physique d'un paysan de la région, tanné par le soleil, cigarette au bec, la démarche lente. Trousseau de clés à la ceinture, liasse de billets dans la poche de son pantalon, Darko donne ses ordres aux jardiniers qui arrosent les plates-bandes, aux garçons de salle pour qu'ils vident les cendriers, boit son café avec les clients, raconte volontiers ce qu'il pense de la vie.

« Le meilleur moment de ce pays, me dit-il dans son anglais des Balkans, date du temps de la Yougoslavie de Tito. Un salaire pour tous, des écoles, des hôpitaux, des vacances. Seul inconvénient, chacun faisait mine de travailler huit heures par jour, mais se contentait de s'appliquer trois heures durant. À la longue, ça ne pouvait pas tenir. »

Darko a traversé l'Atlantique. Là-bas ça travaille dur, mais en dehors de l'argent gagné, il n'y a plus rien de tout ce qui fait le sel de la vie, comme de fumer en rêvassant face à son lac. Lui, sa femme et leur fils ont donc décidé de revenir au bord du Prespa dans lequel il se baignait adolescent. Il a fallu batailler pour acheter l'endroit qui tombait en ruine. Il a même fallu se faire passer pour un Portugais afin de conclure la vente sans devoir alimenter la chaîne des intermédiaires corrompus. Darko y a mis toutes ses économies. Pour le moment ça tourne, sa femme tient la caisse, son fils dessine des plans pour moderniser.

Le 17 juin 2018, l'accord entre les gouvernements grec et macédonien a été signé au bord de ce lac que se partagent trois pays, l'Albanie, la Grèce et la Macédoine. Dans un minuscule village côtier grec en face du Lakeview, les Premiers ministres se sont rencontrés pour mettre fin à une querelle de dix-huit ans sur le nom de ce pays qui est désormais officiellement reconnu par tous comme « République de Macédoine du Nord ». Après la signature, le Grec et son homologue du nord ont traversé le lac pour se retrouver en Macédoine du Nord. C'était la première fois depuis la création du pays qu'un chef de gouvernement grec foulait ce sol.

La question des frontières ainsi réglée, les trois pays riverains pourront peut-être un jour négocier entre eux le partage de ce bien commun lacustre qui ne respire pas la santé. Depuis plusieurs décennies existe une convention qui établit que la région est une zone humide d'importance mondiale pour les oiseaux migrateurs. Qui dit zone humide dit roselières, marécages et contours fluctuants des rives. Le lac Prespa n'ayant pas de « sorties », c'est-à-dire d'émissaires accessibles puisque ses eaux s'écoulent de manière souterraine dans le lac d'Ohrid situé cent soixante mètres plus bas, il n'y a guère de moyen d'en réguler le débit. Selon le pêcheur dont il sera question plus tard, le niveau du lac aurait connu, au cours de ces trente dernières années, des variations allant jusqu'à huit mètres. Dans ces conditions, je comprends que les riverains, découragés, aient quitté leurs villages.

« Il n'y a pas que les fluctuations saisonnières, dit Darko, le paludisme aussi. C'est pourquoi, pas plus tard qu'hier, les services sanitaires sont venus gicler leur poison. Tous mes clients se sont mis à tousser. Cette fois au moins, le produit n'a pas été pulvérisé par avion. D'ailleurs, contre les nappes d'algues vertes qui recouvrent une partie du lac, les pulvérisations sanitaires n'offrent pas de solution. Il faudrait que les cultivateurs de la ville voisine, qui épandent des engrais sur leurs milliers de pommiers, se modèrent. Mais si je dis ça, ils me massacreront à la kalachnikov. »

Il a raison, Darko, l'eau près de son hôtel ne donne pas envie de s'y baigner. Peu transparente, de couleur brune et d'odeur fétide sur fond boueux, ça gâche le plaisir. Quelques touristes de passage s'y risquent pourtant. Pour eux, Darko a installé une douche sur le rivage. Son Lakeview mise sur le calme, la vue et l'observation des oiseaux. Pour l'exercice, des bicyclettes sont à disposition et plus tard, peut-être, une piscine.

Je décide d'explorer la région à vélo. L'extrême déréliction des rives du Prespa est affligeante. J'arrive dans un village abandonné où ne m'accueille qu'une grosse chienne protégeant sa nichée en découvrant les crocs. Les arbres croulent sous des fruits mûrs que personne ne cueillera. Un ancien sanatorium qui fait le bonheur de chats errants jouxte un cimetière de machines agricoles. Pas d'avenir par ici depuis la fin de la Yougoslavie.

Pour mieux comprendre le lac et ses merveilles, l'hôtelier américano-macédonien m'offre d'organiser une petite expédition jusqu'à Golem Grad. La seule île que possède la République de Macédoine du Nord n'est plus habitée depuis longtemps. Une heure de barque à moteur suffira pour s'y rendre. Je pourrai rester une heure sur place avant de revenir.

Au départ à 9 heures, il fait déjà très chaud. Le fuseau horaire local étant le même qu'à Brest, 2 500 kilomètres plus à l'ouest, le soleil par ici se lève en août juste après 5 heures et se couche avant 20 heures. Le pêcheur se vante d'avoir construit lui-même son canot en assemblant des plaques de métal comme pour un sous-marin. Il le repeint chaque année d'un bleu intense et quasi grec. Depuis trente ans, il ne pêche plus, mais offre ses services à ceux qui veulent visiter l'île déserte.

J'embarque sur une plage à deux pas de la frontière albanaise. Au début, je crois apercevoir dans le lointain, à la surface de l'eau, d'autres barques. Mais quand on les approche, on découvre qu'il s'agit de pélicans trônant, seuls et majestueux, sur le miroir lacustre. De temps en temps, ils sont rejoints par de petits cormorans noirs qui se posent tout autour du roi en blanc. Le pêcheur m'explique que le pélican ne plonge pas plus loin que son long bec, tandis que les cormorans pygmées, qui disparaissent de la surface, font remonter le poisson. Symbiose avicole, il doit bien y avoir une récompense pour les noirs, mais je n'en saurai pas plus.

Tandis que le bateau trace son sillon bleuté, j'embrasse du regard les rives grecques, albanaises et macédoniennes. Je repère quelques taches rouges, des toits, au milieu d'une abondante végétation vert tendre le long de l'eau, plus foncée sur le flanc des montagnes qui s'élèvent très haut jusqu'à n'avoir pour cacher leur nudité que de maigres prairies et des rochers dans les gris et les bleus. De petits cumulus de beau temps flottent par-dessus les crêtes et se reflètent dans le lac sans une ride. En slave, Prespa signifie « vallée de neige », « congère ».

Jusqu'en 1913, à la fin des guerres balkaniques, le lac n'avait jamais connu de frontières. Quand ils arrivaient dans un village, les membres de la commission qui parcouraient les abords du lac à cheval pour tracer les nouvelles frontières jetaient des pièces de monnaie aux enfants et tendaient l'oreille pour deviner en quelle langue ils se disputaient les piécettes. Avant ce genre d'experts, Hérodote passé par là raconte : « Au milieu de l'eau, sur de longs pilotis, sont placées des planches avec une étroite entrée du côté de la terre, formant l'unique pont. Depuis longtemps, les citoyens ont enfoncé à frais communs les pilotis qui soutiennent les planches, et ensuite ils les ont entretenus en observant cette loi : tout homme, lors de son mariage, est contraint de planter trois pilotis. »

À l'approche de l'île, 750 mètres de long, altitude maximale de 50 mètres, je découvre que tout, arbres, rochers, herbages, est blanchi par la fiente des oiseaux qui s'enfuient par milliers. Les pélicans effrayés déploient leurs immenses ailes et prennent appui de leurs pattes sur l'eau pour une laborieuse manœuvre d'envol. Ils sont suivis de grues blanches, de mouettes et de cormorans de toutes grandeurs. L'autre nom de cette île refuge des oiseaux est l'île aux serpents. Ils seraient 50 000. J'apprends que pour qu'il soit venimeux, le serpent doit avoir des yeux en fente comme un chat. En gravissant le chemin, je tape avec un bâton sur chaque caillou. Pas une vipère, mais des tortues peureuses rétractant leur tête sous une carapace préhistorique. J'arrive à une église abandonnée, ornée de magnifiques fresques médiévales. Je reconnais Marie fuyant vers l'Égypte. Je passe encore près des ruines d'une basilique paléochrétienne, marquée au sol par ses seules fondations. Plus loin, une nécropole romaine, six églises en tout. Retour au rivage après un court moment de panique. Je me suis perdu entre les arbres blanchis et un sol recouvert de plumes et de fiente nauséabonde, au bord d'une falaise à pic sur le lac.

Le pêcheur, pieds nus, lunettes noires et chapeau de paille, parle quelques mots d'anglais. Il vante la beauté de son Prespa, pointe du menton le vol d'un pélican et téléphone à un compère pour une partie de dominos.

Quand je demande à Darko ce qu'il pense des frontières lacustres, il dit seulement : « Les Albanais ont la mer, les Grecs ont la mer. Nous n'avons pas de mer, nous n'avons qu'un ou deux lacs que nous devons partager avec eux. Pourquoi est-ce qu'ils ne nous les donneraient pas tout entiers ? Moi, je saurais m'en occuper. »

Lac Doïran

Pour me rendre au lac Doïran, à l'autre extrémité de la Macédoine du Nord, je passe par Prilep dont *L'Usage du monde* de Nicolas Bouvier a fait le récit un demi-siècle plus tôt. Rien n'est plus comme il l'a décrit, la mosquée millénaire a été incendiée par les intégristes quand les communautés religieuses se sont déclaré une lutte à mort. Selon un avis à l'entrée de l'hôtel, il est interdit d'y entrer avec des armes à feu.

Après Prilep, je passe deux jours à Skopje, la capitale, où mon ancien guide de voyage propose aux touristes la visite du musée d'Art moderne. Il est vide, occupé seulement par une exposition temporaire d'affiches offertes par une fondation suisse. Un gardien me fait comprendre que les différents directeurs sont partis en tournée à l'étranger en emportant les chefs-d'œuvre. Les employés continuent d'être payés pour surveiller des cimaises vides. Je suis le seul visiteur. Quelle tristesse !

Il arrive qu'on dise qu'un site est chargé d'histoire pour excuser le fait que d'histoire il n'en a plus guère à raconter au présent. Ainsi le Vercors ou Verdun sont-ils chargés d'histoire, mais surtout d'histoires anciennes. Et les bureaux de tourisme vantent désormais la sérénité de lieux à jamais pacifiés.

Il n'en va pas de même pour le lac Doïran qui a été le théâtre de sanglantes batailles à la fin de la Première Guerre mondiale et qui, aujourd'hui de nouveau, concentre sur ses rives des militaires venus de loin.

Lors de la première boucherie mondialisée entre 1914 et 1918, un million d'hommes en armes s'étaient disputé la région. Parmi eux, 400 000 soldats français, dont 70 000 avaient laissé là leur vie, les autres n'y laissant qu'un bras, qu'une gueule cassée et beaucoup d'horribles souvenirs des tranchées. Autour du lac Doïran, dorénavant partagé entre la Grèce et la République de Macédoine du Nord, deux coalitions se faisaient front. D'une part, les armées dites de l'Alliance : Autriche-Hongrie, Allemagne, Bulgarie, Turquie. De l'autre, celles de l'Entente : France, Grande-Bretagne, Russie, Serbie, Grèce. Chacune dans leurs tranchées, aux ordres de stratèges sans beaucoup de commisération pour les poilus envoyés à l'assaut de positions imprenables. Aujourd'hui, les cimetières de chacune de ces nations guerrières sont bien entretenus et les milliers de croix blanches agrémentées de petits rosiers offrent aux rares visiteurs l'image d'une éternelle sérénité. Tout cela, pensais-je, est une histoire ancienne qui ne se répétera plus.

Et puis je prends le bus de Skopje au lac Doïran. Je pars à 8 h 30 et prévois trois heures d'autoroute dans une atmosphère climatisée. Je voyage avec quelques paysannes et des familles peu fortunées qui partent en vacances avec leurs enfants excités. Je remarque quatre jeunes hommes, plutôt maigres, petits sacs à dos, casquettes à visière rigide, cheveux courts et teint basané. Au seul arrêt intermédiaire où les voyageurs se dégourdissent les jambes et grillent une cigarette, ils restent assis dans le car, comme pour ne pas se mêler aux Macédoniens. Encore une heure et le bus arrivera à une gare routière d'où il continuera vers Doïran.

Et là soudain, des hommes en noir, harnachés comme des détrousseurs de grand chemin, pistolet et menottes à la ceinture, bloquent les accès du bus, montent à bord et font descendre les quatre passagers repérés au faciès. Les exfiltrés n'opposent aucune résistance, prennent leurs petits baluchons et sont embarqués sans autre explication par les sbires. Au passage, je remarque que ces derniers portent sur la manche un écusson autrichien et une indication en langue étrangère : *Polizei*. Les portes du bus se referment, le chauffeur remet en marche, personne ne commente la scène, en tout cas pas à voix haute.

À quelques kilomètres de là, le bus surplombe la cuvette au fond de laquelle s'étale le lac Doïran. De loin, ses eaux calmes reflètent le bleu d'un ciel voilé d'une brume de chaleur continentale. 36 °C et davantage depuis quelques jours. Pas un bateau, pas un oiseau. S'il existe des lacs sans charme, le Doïran en fait partie. Plus bas, quand la route longe sa rive macédonienne, je note sa transparence douteuse et toutes sortes de déchets en plastique pris dans les roseaux. Je ne m'y baignerai pas.

Sur Internet, j'avais réservé une pension qui se prétendait au bord du lac. En réalité, le taxi me laisse au bord d'une route à grand trafic. La chambre est borgne et sale, c'est une arnaque. J'exige un remboursement total et me voici à la nuit tombée à pied, sac au dos, à trois kilomètres du prochain village. Par chance, il reste une chambre dans un hôtel très convenable.

Plus tard, je retrouve le genre de crâne rasé des sbires. Cette fois, leur T-shirt noir annonce qu'ils exercent la fonction de douanier polonais. Ils patrouillent par petits groupes au milieu des milliers d'estivants entassés sur une bande de sable et de caillasse, barbotant jusqu'à la ceinture dans une eau à l'odeur suspecte. Parfois, ces douaniers sont accompagnés de jeunes filles qui portent le même uniforme, plutôt frêles, avec des queues-de-cheval blondes et un sourire très peu guerrier.

À la réception de l'hôtel Romantique, un panneau explicite : « *Joint Operation Special measure on supporting the Republic of North Macedonia to improve its border and migration management capabilities.* » Au centre du panneau, le drapeau macédonien est entouré des emblèmes nationaux des sept pays qui envoient ici des renforts à Frontex pour la chasse aux migrants : Croatie, Slovénie, Slovaquie, Tchéquie, Pologne, Autriche et Hongrie.

Au petit déjeuner le lendemain matin, j'examine de près les spécimens de ce corps expéditionnaire. Les femmes portent des T-shirts noirs aux inscriptions en caractères cyrilliques. Les hommes, en tenue de camouflage, sont tatoués, musclés, en bonne santé, parlent fort, mais pas anglais. Sur le parking du meilleur hôtel de la station balnéaire, leurs véhicules de service immatriculés en Croatie ou en Pologne les attendent.

Voici donc les troupes européennes venues renforcer le nouveau front de guerre. Elles doivent empêcher les migrants d'envahir le Vieux Continent, en détourner le flux, les repousser à la mer. Ces militaires ne ressemblent pas aux poilus de la guerre de 14-18, même si le plus gros contingent vient, une fois de plus, d'Autriche-Hongrie. Je me demande ce que ce genre de mission leur laissera comme image d'un continent européen à la dérive. L'histoire guerrière de cette région n'est-elle pas terminée ? Les milliers de soldats des cimetières voisins sont morts pour assurer la paix. Alors pourquoi faut-il encore traquer les rescapés afghans ou syriens en mobilisant contre eux des militaires venus de loin ?

Le lac Doïran est une fois de plus coupé par une ligne de front. Deux tiers de sa surface en Macédoine du Nord, un tiers en Grèce. Pour établir une comparaison entre la situation d'aujourd'hui et celle d'il y a cent ans, nous allons chercher la clé d'un petit musée sur les pentes du nouveau village de Star Doïran. Ce musée, offert à la ville par la Norvège, est fermé au public, mais un employé de la mairie me fait entrer. Le bâtiment comporte une partie historique à l'étage, exposant des armes, des cantines de campagne, des cartes, et une partie géographique au rez-de-chaussée. J'y apprends que le lac Doïran n'a ni affluent ni émissaire. C'est un vaste marécage dont le niveau varie beaucoup. Il y a des dizaines de milliers d'années, il était dix fois plus profond et bien plus étendu. Désormais, il se contente d'une profondeur maximale de 10 mètres et d'une surface ovale de 43 km^2, soit une distance de 8 kilomètres entre rives opposées. Dans l'Antiquité c'était le paradis des poissons, comme le raconte Hérodote, mais il a suffi de ces trente dernières années de développement postcommuniste pour en fracasser l'écologie. Une espèce d'algue envahissante à l'aise dans la pollution a rompu l'équilibre, de sorte que les poissons n'y trouvent plus leur nourriture et les oiseaux migrateurs n'y trouvent plus leurs poissons. Le changement serait dû à la construction de centaines de résidences de vacances et d'hôtels sur la rive macédonienne. Du côté grec, les villages se sont retirés à l'intérieur des terres, le rivage n'est plus qu'un marigot d'où émergent les troncs noirs des arbres morts.

Alors que le soleil de fin d'après-midi tarde à rafraîchir l'atmosphère, j'aperçois deux jeunes douaniers polonais en mission sur la promenade le long de la plage. Soudain, l'un d'eux enlève sa ceinture à laquelle est accrochée une panoplie guerrière, la confie à son camarade, retire aussi son T-shirt noir et son pantalon en tissu de camouflage, se retrouve en slip et saute à l'eau. Comme si de tout cela, de ces missions aux ordres du jour décidés à Bruxelles et de cette eau saumâtre, il voulait pour un temps oublier la grinçante réalité.

Et seulement nager, nager.

Un jour encore à attendre qu'un taxi me dépose sur l'autre rive du lac, côté grec, où se trouve une gare d'où le train de nuit devrait me conduire à Thessalonique. La gare semble abandonnée. Je désespère, persuadé qu'aucun train ne s'arrêtera jamais là. Je me souviens de la beauté de Thessalonique que j'ai plus d'une fois visitée. Y arriverai-je un jour ? J'ai réservé un hôtel avec un bar sur le toit. Je voudrais passer quelques jours au bord de la mer avant de reprendre l'avion pour Genève. Le soleil se couche sur mes angoisses. La nuit est complète quand, dans le lointain, j'entends un train siffler. Il ralentit, je suis sauvé.

FRONTIÈRES ALÉMANIQUES

Lac de Constance

Le lac de Constance se trouve à l'extrémité nord-est de ma géographie nationale. Il couvre 571 km^2, son pourtour mesure 265 kilomètres. Trois cantons suisses, deux Länder allemands et une province autrichienne le bordent. Pour un Suisse comme moi, c'est un lac de plus avec ses cinquante à soixante jours de brouillard par an. Pour les Allemands et les Autrichiens, c'est le climat le plus doux de leur pays. L'ancien glacier creusé dans la molasse a laissé sur ses flancs des collines tout en douceur. Quatre millions de personnes boivent son eau, pompée cinquante mètres sous sa surface. Il lui arrivait de geler complètement une ou deux fois par siècle. Pas sûr que cela continue. Dans toutes les régions qui le bordent, le même dialecte alémanique s'est répandu avec de subtiles différences d'accent local.

Voilà ce que j'ai pu lire au sujet de ce lac. Pour le reste, je pars lui rendre visite au début d'un mois de juillet avec l'idée d'en faire le tour, à pied si possible. Comme je laverai chaque soir ma chemise, mon slip et mes chaussettes, je ne complète mon équipement que par une carte de crédit, une gourde, une brosse à dents et un téléphone avec son chargeur. Je prépare soigneusement dans ma mémoire les lectures qui éclaireront mon parcours. *Voyage en Orient* m'y attend. Gérard de Nerval a commencé le récit de son voyage par une lente traversée de la Suisse, de Genève à Constance. Je l'imite mais en train, ça ne me prend que quatre heures.

Arrivé en fin de journée, et comme la pluie a cessé, je me promène sur les quais de Romanshorn. La rive d'en face, en Allemagne, est encore éclairée par le soleil du soir tandis que de mon côté, tourné vers le nord, les longues ombres effilées des peupliers s'estompent déjà dans la pénombre. Depuis le XIXe siècle, un bac relie les deux berges. Au début, il transportait un train de dix-huit wagons. Depuis 1976, seules les voitures sont à bord. Au débarcadère, je constate que les douaniers ne contrôlent que les visages suspects.

En face, le feston électrique des villages allemands s'allume lentement. Ce que j'aime sur la rive suisse du lac de Constance, c'est qu'elle n'est pas entièrement colonisée par des villas et des parcs privés qui empêcheraient de l'approcher. Ici, entrepôts et usines ont été construits au ras de l'eau. Une fois désaffecté, l'espace a été rendu aux promeneurs et aux cyclistes. J'ai pris une chambre à l'hôtel Inseli à deux pas du débarcadère. Elle donne sur un petit port de plaisance, avec une roselière où des canards bavards attendent l'obscurité pour se taire.

Tôt le lendemain matin, par le sentier qui longe le lac, je mets le cap sur Arbon. Du temps de ses usines métallurgiques, la ville était championne de la lutte ouvrière. L'insurrection de 1902 en avait fait le bastion des rouges. Faute de révolution, les insurgés avaient gagné des cités ouvrières entourées de jardins. Ça n'avait pas complètement éteint leur envie de se battre. Après 1968, quand les dernières usines menaçaient de fermer, j'étais venu distribuer des tracts aux employés de la fabrique de camions Saurer. Elle n'existe plus.

En ce temps-là, je faisais partie de ceux qui avaient un plan pour saboter la société de consommation. Nous étions des autonomes répartis à travers l'Europe. Nous pratiquions l'agitation politique aux portes des usines automobiles. À Turin, nous comptions sur la grève de la Fiat ; à Flins, sur celle de Renault ; à Munich, j'avais distribué des tracts devant BMW. En Suisse, le seul constructeur automobile était Saurer et je connaissais quelques ouvriers prêts à suivre ces grandes grèves de 1968. Le plan consistait à paralyser cette industrie. Son effondrement emporterait sans nul doute celui de l'ordre social. Les choses s'étaient révélées moins simples.

J'atteins Arbon au moment où le grand bateau des transports publics y accoste. Je suis seul à monter à son bord. J'y retrouve quelques retraités qui se plaignent de la bise matinale. Pour moi, le voyage sur l'eau a quelque chose d'apaisant. Je me sens en sécurité et bien que le trajet de ce bateau soit toujours le même je m'amuse à imaginer que sur l'eau toutes les directions sont possibles et les routes infinies. J'apprends qu'il faut être muni d'une carte d'identité pour faire le tour du lac mais que, de mémoire de capitaine, les douaniers ne montent à bord que pour contrôler les « basanés », dit-il, qui cherchent asile en Europe.

Débarquant à Rorschach, je reconnais l'endroit. En d'autres temps, j'ai achevé dans ce gros bourg ma traversée pédestre de la Suisse depuis Genève. Cette fois, je continue en direction de la frontière autrichienne à travers des vignobles et des cultures maraîchères. Vers midi, je trouve une terrasse au soleil et mange de bon appétit. Sous la table, j'ai libéré mes pieds endoloris.

Dans l'après-midi, j'arrive à l'hôtel Linde à Höchst, une caricature d'auberge autrichienne, mobilier de bois clair, serveuses en costume. Au lieu de profiter de la chaise longue sur le balcon, j'entreprends une balade sur la digue qui canalise le nouveau cours du Rhin. Elle s'avance au milieu des eaux, j'imagine en atteindre facilement l'extrémité. Mais la carte sur mon téléphone oublie de dire que chaque année cette digue s'allonge de quelques dizaines de mètres. Elle pénètre très avant dans le lac, car pour que le Rhin puisse couler il faut le draguer sans fin, lui qui charrie des tonnes de sable et de gravier. On prévoit que d'ici à cent ans la digue séparera le lac en deux bassins. Quand les hommes touchent au fragile équilibre des rives, ils sont condamnés à rectifier sans cesse les rectifications. L'Autriche aura son lac national. L'Allemagne et la Suisse se partageront le reste. À moins que peu à peu le Rhin ne cesse de couler quand les glaciers en amont auront complètement disparu. Je préférerais ne pas y penser, mais c'est comme un bruit de fond que d'autres appellent écoanxiété.

La pointe de la digue s'allonge à perte de vue. Je finis par renoncer, m'arrête dans un camping où des nudistes me regardent de travers tandis que je sirote une bière en ne dénudant que mes pieds. Je photographie le panneau qui annonce 160 kilomètres jusqu'à la source du Rhin et 1 145 kilomètres jusqu'à son embouchure.

Après une deuxième bière, je me mets à rêver à ce point magique et immatériel où se départagent trois pays au milieu d'un lac. Je voudrais m'y rendre pour éprouver le plaisir de nager d'une seule brasse de l'Autriche à l'Allemagne à la Suisse. Pourquoi ne pas installer à ce point précis une bouée sur laquelle on écrirait : « Les frontières, on s'en fout » ?

De retour à l'auberge, je lis sur mon téléphone *Voyage en Orient* de Nerval, paru en 1851 : « Le plus amusant du voyage, c'est qu'à chaque petit port où l'on s'arrête on fait connaissance avec une nouvelle nation. Le duché de Bade, le Wurtemberg, la Bavière, la Suisse se posent là, de loin en loin comme puissances maritimes… d'eau douce. Leur marine donne surtout la chasse aux mauvais journaux français et suisses qui voltigent sur le lac sous le pavillon neutre ; il en est un, intitulé justement *Les Feuilles du Lac*, journal allemand progressif, qui, je crois bien, n'échappe aux diverses censures qu'en s'imprimant sur l'eau, et en distribuant ses abonnements de barque en barque sans jamais toucher le rivage. La liberté sur les mers ! comme dit Byron. »

Aujourd'hui, sur le lac de Constance, il n'existe plus de zone extraterritoriale où je pourrais imprimer un pamphlet échappant aux censures d'où qu'elles viennent. Je me souviens des débuts de la libération de la bande FM. C'était l'époque des radios pirates. À Genève, nous avions bricolé de petits émetteurs clandestins avec lesquels nous arrosions la Suisse depuis la rive française du Léman. Nous diffusions nos propos subversifs en profitant de la frontière pour échapper à la censure.

Le lendemain matin, pour arriver au centre de Bregenz, j'évite la circulation des voitures en montant dans le bus local. L'hiver, cette ville de 30 000 habitants doit être morne. L'été, les festivals, *Festspiele*, l'animent. Chaque année depuis 1946, sur trois estrades en plein air construites sur des pilotis lacustres, des milliers de mélomanes viennent à la tombée de la nuit écouter les grands opéras du répertoire classique.

Vienne est à cinq cents kilomètres à vol d'oiseau. Le Vorarlberg, dont Bregenz fait partie, est la région la plus prospère d'Autriche. Par le tunnel ferroviaire sous l'Arlberg, creusé à la fin du XIXe siècle, on accède au reste du pays. À la fin du double royaume d'Autriche-Hongrie, en 1919, les habitants de la région se sont prononcés à 80 % pour leur rattachement à la Suisse. Mais les Suisses, en particulier les francophones, n'en ont pas voulu pour ne pas compromettre le fragile équilibre linguistique du pays.

Qu'à cela ne tienne, en 1938, 99,75 % des Autrichiens ont accepté leur rattachement à l'Allemagne hitlérienne. À la fin de la guerre et jusqu'en 1955, l'armée française a occupé la région, tentant de la dénazifier.

Je passe la matinée en touriste, visitant aussi les témoins de l'architecture contemporaine. Pendant un temps, j'ai mené une autre vie professionnelle que celle d'écrivain. Aujourd'hui je suis un architecte défroqué qui admire le KUB de Peter Zumthor, un musée d'art, puis le bulbe de la tour Martin, plus gros oignon d'Europe, dit une plaque. Je pique-nique sur un banc face à un lac tranquille qui hésite entre le vert et le bleu. Le rivage autrichien déplié n'a que trente kilomètres et je continue sans me soucier de la frontière, jusqu'au moment où, à la couleur des panneaux indicateurs, je comprends que je suis passé en Allemagne.

Dans un hôtel au charme désuet, le Lindenhof à Lindau, ma chambre donne sur le lac aux couleurs changeantes. Je tiens à m'arrêter dans cette ville dont le poète Hölderlin a parlé comme de l'endroit même du bonheur : « *glückseliges Lindau* ». Ça n'a pas empêché Lindau de devenir la première ville d'Allemagne qui, avant l'arrivée au pouvoir de Hitler, a élu un maire nazi. Elle se trouve sur une île de forme ovale. On se croirait dans un musée, ruelles étroites, murailles anciennes, églises protestantes (Bregenz était catholique) et des terrasses ensoleillées. Plusieurs hôtels en proue face au lac, dont le mien. Par la fenêtre entrouverte, j'entends le clapotement des vagues lacustres et je m'endors.

Le lendemain matin, je me lance sur un chemin balisé qui devrait m'emmener jusqu'à Friedrichshafen. Mais je dois le partager avec des centaines de cyclistes en vacances. À leur accent je devine qu'ils viennent du nord de l'Allemagne. Le casque des femmes est moins guerrier que celui de leurs compagnons qui font la course en tête et n'aiment guère le randonneur pédestre esseulé.

À Wasserburg, je fais halte à l'ombre de deux très anciennes presses dont les vignerons se servaient déjà au XVIe siècle. La plaque mentionne aussi le procès des sorcières brûlées après avoir été torturées au moyen d'une muselière de fer ajustable, « la poire de Wasserburg ».

Seul piéton dans le flux des vélos, je finis par renoncer. Je monte dans le bateau qui cabote d'un port au suivant, qu'il soit suisse, allemand ou autrichien. Le pont de ce transport en commun aux allures 1900 offre le meilleur point de vue sur les villas du bord de l'eau. Les unes ont été celles des rois de Bavière, d'autres celles de dignitaires nazis, installés là non en raison du climat tempéré, mais pour faciliter leur fuite en Suisse au cas où leur empire millénaire tournerait court.

Tandis que la cargaison de touristes atteint le port de Friedrichshafen, je me souviens – est-ce à cause de la sonorité de ce nom ? – d'un jeune homme de bonne famille. C'était il y a longtemps. Son père lui avait laissé deux usines, l'une en Suisse, l'autre en Allemagne, où se tannaient les peaux venues d'Argentine. Quand Hitler est arrivé au pouvoir, le jeune homme, double national, a choisi la Suisse plutôt que l'Allemagne pour gérer ses affaires. Il a fait son service militaire en Suisse jusqu'au rang de lieutenant.

En 1939, comme les nazis menaçaient de confisquer son entreprise à Friedrichshafen, il a traversé le lac, est retourné en Allemagne. Il a été incorporé de force dans la Wehrmacht et expédié comme officier sur le front de l'Est. Il n'y était que depuis quelques jours quand sa famille a reçu la nouvelle de sa mort : une balle dans le dos sans doute tirée par un fusil allemand. Quelqu'un a précisé dans le télégramme : « Le salaire des traîtres. »

Ma mère m'a souvent parlé de son cousin de Friedrichshafen avec une passion que je jugeais suspecte. Elle disait : « Rends-toi compte, dans le dos. » Elle trouvait que ce jeune homme avec qui elle avait dansé à Zurich au bal des officiers n'avait pas mérité de mourir, ou du moins pas d'une mort si peu héroïque.

En avril 1944, Friedrichshafen a été bombardée par les Alliés. Seul site industriel de la région, seul endroit autour du lac qui ait subi ce sort. Les Alliés n'ont pas fait dans le détail. Les quatre cinquièmes du centre historique ont été rasés. Après cela, les nazis ont décidé d'enterrer les usines Maybach, Dornier et Zahnradfabrik dans un tunnel de quatre kilomètres de long et vingt-cinq mètres de large près du Westbahnhof de Friedrichshafen. Pour la fouille, le dynamitage et la construction, ils ont contraint au travail des prisonniers du camp de concentration d'Aufkirch, une dépendance de Dachau. Les remblais de ces tunnels servent aujourd'hui de terrain de camping.

Le soir, pour la première fois, je nage dans le lac de Constance. Chaque lac a son odeur qui le caractérise. Celle-ci me paraît plus aigre que celle du Léman. C'est tout ce que je peux en dire même si je m'en souviens parfaitement.

Le lendemain, je reprends mon périple en direction de Constance sur la rive occidentale. Le bateau accoste d'abord sur une île, Mainau, zoo et parc d'attractions entre Disneyland et jardin botanique. L'île accueille un million de visiteurs par an. Au cours du premier millénaire, les ordres religieux l'ont colonisée. En 1808, elle a été sécularisée. Puis, par simple mariage, la maison royale de Suède en est devenue propriétaire. Vers la fin de la Seconde Guerre mondiale, les nazis l'ont transformée en terrain d'exercices. Après la guerre, on y a regroupé les prisonniers français des camps pour qu'ils reprennent quelques forces avant de rentrer chez eux. Qui rappellera au million de touristes annuel la mémoire des 8 000 rescapés de Dachau ?

Tandis que le bateau approche de Constance, je reste appuyé au bastingage du pont supérieur, admirant les flots tranquilles et le panorama qui emporte le regard jusqu'au Säntis, début des Alpes suisses sur l'autre rive. « Méfiez-vous de l'eau qui dort » se traduit en allemand par « les eaux calmes sont profondes ». Sur ce lac au XVIIe siècle, la guerre de Trente Ans a fait rage entre deux flottes armées jusqu'aux dents. Bien qu'habitués aux batailles navales, les Suédois ont été défaits par les vaisseaux de l'empereur. Le lac comme théâtre de guerre. *Stille Wasser sind tief.* Les eaux calmes sont profondes.

Sur mon téléphone, encore Nerval : « Constance ! c'est un bien beau nom et un bien beau souvenir ! C'est la ville la mieux située de l'Europe, le sceau splendide qui réunit le nord de l'Europe au midi, l'occident et l'orient. Cinq nations viennent boire à son lac, d'où le Rhin sort déjà fleuve, comme le Rhône sort du Léman. Constance est une petite Constantinople, couchée, à l'entrée d'un lac immense, sur les deux rives du Rhin, paisible encore. Longtemps on descend vers elle par les plaines rougeâtres, par les coteaux couverts de ces vignes bénies qui répandent encore son nom dans l'univers ; l'horizon est immense, et ce fleuve, ce lac, cette ville prennent mille aspects merveilleux. »

Entrant dans son port, la première chose que j'aperçois du pont du bateau est une statue de neuf mètres, perchée sur l'ancien phare. Elle pivote au gré du vent, est due au mauvais goût d'un sculpteur contemporain et porte le nom d'une prostituée du XVIe siècle, *Imperia*. Au bout de ses bras écartés, elle brandit deux poupées. D'un côté l'empereur, de l'autre le pape. Allusion au concile de Constance (1414-1418) où se déchiraient les tenants du pape et ceux de l'empereur tandis qu'une nuée de prostituées s'abattait sur la ville pour s'occuper de tout ce beau monde. Imperia la Divine, née en 1485, n'a pourtant jamais été à Constance, dit encore mon téléphone.

Je ne consacre que peu de temps à cette ville, je flâne d'une tour de garde à la suivante, franchis le pont sur le Rhin dans lequel le lac se déverse. Nerval encore : « Tu me demanderas pourquoi je ne m'arrête pas un jour de plus à

Constance, afin de voir la cathédrale, la salle du concile, la place où fut brûlé Jean Huss, et tant d'autres curiosités historiques [...] C'est qu'en vérité je voudrais ne pas gâter davantage Constance dans mon imagination. »

Je passe en Suisse sans encombre. Constance et Kreuzlingen sont si rapprochées, on dirait une seule ville. Pendant la Seconde Guerre, un treillis les séparait : le *Judenzaun*, le grillage des Juifs, érigé par décision du Conseil fédéral. Aujourd'hui il a été rebaptisé *Asylantenzaun*, le grillage des demandeurs d'asile. Pour parler de ces zones, il existe en anglais une contraction entre *border* (la frontière) et *landscape* (le paysage) : *borderscape*. Ce genre de grillage en fait partie, qui fait aussi dire aux Mexicains passés aux États-Unis malgré le mur qu'ils n'ont pas traversé une frontière, mais qu'une frontière continue de les traverser.

Il me reste à rejoindre Romanshorn et la boucle sera bouclée. Je passe par Kreuzlingen, où le docteur Ludwig Binswanger avait ouvert la clinique psychiatrique de Münsterlingen. Le peintre Ernst Ludwig Kirchner s'y est fait soigner. Le philosophe Michel Foucault est venu y assister au carnaval des fous. Durant la cérémonie, les patients ont le droit de se moquer de la psychiatrie et de la folie des bien-portants. Je repère aussi le Seemuseum, un musée du lac où je pourrais apprendre encore beaucoup de choses sur la gestion internationale d'un bien commun. Je préfère m'asseoir sur un banc et admirer l'envol des canards par-dessus les longs cous d'un troupeau de cygnes.

Pour faire à pied le tour du lac en si peu de temps, j'ai triché. Au-delà de Constance, vers le nord, le Bodan, comme il est parfois appelé, commence une deuxième vie jusqu'à Stein am Rhein, où le Rhin enfin devenu fleuve se déchaîne dans des chutes majestueuses qui font le bonheur des touristes asiatiques. J'ai visité l'endroit au cours d'une sortie scolaire il y a soixante-dix ans. On me dit que les gerbes d'eau y sont désormais sous verre et que le plaisir que les écoliers prenaient à se faire doucher n'a plus cours. Je n'aime pas assécher mes souvenirs d'enfance. En quatre heures de train, je regagne mon Léman.

FRONTIÈRES TESSINOISES

Lac de Livigno

Beaucoup de pays se vantent d'envoyer leurs eaux dans différentes mers. La Suisse les déverse en mer du Nord, en mer Noire et dans la Méditerranée. Aux États-Unis, le *continental divide* partage les eaux entre l'Atlantique Nord, le Pacifique et le golfe du Mexique. L'Italie semblerait tout entière tournée vers la Méditerranée. Il n'en est rien. Les eaux de la vallée de Lei finissent dans la mer du Nord à travers le Rhin et celle du Spöl dans la mer Noire par l'Inn puis le Danube. Le Spöl prend naissance au col de Livigno. En Italie il s'appelle Aqua Granda, avant de devenir le Spöl en Suisse. Au passage, il forme le lac de Livigno.

Pour lui rendre visite, je suis parti de l'Engadine, le bien-nommé « jardin de l'Inn », à l'extrémité est de la Suisse. De Samedan, j'ai pris un car postal direction Poschiavo. C'est toujours la Poste qui assure le service dans de grands bus jaunes, chargés de desservir chaque village suisse sans chemin de fer. En une demi-heure je monte jusqu'à l'hospice de la Bernina, à 2 328 mètres. C'est le plus haut col de Suisse ouvert toute l'année. Et là, changement pour un véhicule plus petit. Après une courte descente, nous remontons vers le col de Livigno, à 2 314 mètres, et passons en Italie. Ce service de transport en commun ne fonctionne que du premier lundi de mars au dernier vendredi de novembre. Sinon, pour atteindre Livigno depuis la Suisse, il faut emprunter un tunnel qui arrive de Zernez, en Haute-Engadine. Pas de chance, pour la première fois depuis cinquante ans, ce tunnel est fermé pour des travaux d'entretien de septembre à décembre. Les deux accès par la Suisse, le tunnel et le col de Livigno, sont complétés par un passage vers l'Italie qui lui aussi nécessite de franchir un col en partie entravé par la neige d'hiver, à 2 291 mètres.

Avant de parler du lac, il faut considérer la particularité de Livigno dans la province italienne de Sondrio. Je découvre l'endroit après une longue descente qui coupe des pierriers et des couloirs d'avalanche. À cause de sa géographie singulière, on a pu comparer ce plateau ceinturé de hautes montagnes à un petit Tibet. Cet isolement explique les privilèges dont a bénéficié l'endroit. Ils remonteraient au XVIe siècle. Aujourd'hui encore, l'essence, le tabac et l'alcool entre autres sont vendus hors taxes. Le litre de super dépasse tout juste un euro. Quand le petit car entre dans Livigno, je découvre une agglomération prospère et même clinquante. Elle s'étire sur le fond plat de la vallée et présente un nombre considérable de stations essence, une kyrielle de parfumeries, de magasins de chaussures, d'ordinateurs ou de jouets d'enfants. À la fin de la Seconde Guerre mondiale, Livigno comptait un millier d'habitants. Aujourd'hui ils sont six fois plus, vivant d'un tourisme attisé par la marchandise détaxée. À la mi-octobre, grâce aux nuits glaciales et à l'électricité bon marché, les canons à neige préparent déjà les pistes de ski.

Le lac commence tout de suite à la sortie du village, mais comme pour toutes les retenues d'eau artificielles, il lui manque un peu de cette langueur que distillent les rivages en pente douce et les plages des sites naturels. Plutôt que d'un lac, il faudrait parler d'un bassin d'accumulation. Les berges sont si abruptes de part et d'autre qu'elles ne laissent pas place à un sentier. Sur la rive nord, il y a bien une route carrossable pour rejoindre le tunnel vers la Suisse, mais elle a été taillée dans la montagne et ne subsiste que grâce à un toit de béton qui l'abrite des éboulements. Je découvre qu'il s'agit d'une vallée bouchée à sa sortie pour faire refluer l'eau. Au coucher du soleil, les mélèzes jaunes de l'automne et les reflets bleutés changeants donnent un court instant l'illusion d'un paysage naturel. Mais à voir les bords dégarnis par l'abaissement du niveau et les arbres morts flottant à sa surface, j'en reviens à la réalité hydroélectrique.

À partir de l'endroit où le Spöl entre dans le lac, je suis sur la rive sud un sentier dans la forêt qui le surplombe jusqu'à une guinguette sur un replat. Après deux kilomètres, plus moyen de continuer. La pente trop raide plonge directement dans l'eau sans possibilité de passage. Je rebrousse chemin vers le village où j'ai réservé un hôtel pour la nuit.

Je déplie sur mon lit une grande carte de la région et la documentation que j'ai réunie pour comprendre la géographie et l'histoire de ce lac artificiel.

Il a une longueur de 13 kilomètres et le barrage-voûte une hauteur de 130 mètres. L'arc de cercle qu'il forme mesure 540 mètres. Au début, il y avait deux rivières, le Spöl et l'Ova dal Gall, dont la source était en Italie. Elles faisaient office de frontière sur une petite partie de leur parcours. Leur point de rencontre se situait en Suisse où le Spöl traversait le parc national avant de se jeter dans l'Inn, en Engadine.

À l'endroit où les deux rivières se rencontraient, le rétrécissement de la vallée a permis la construction d'un barrage. À partir de là, en Suisse, l'eau du lac est turbinée trois fois : d'abord à son embouchure par l'usine d'Ova Spin, puis plus bas par celle de Pradella et enfin par celle de Martina. Toute l'eau est finalement restituée à l'Inn dans l'état où elle a été captée, moins les poissons.

Le lac ainsi formé a deux ailes en V. Le barrage se situe à l'endroit où les deux branches se rencontrent. Après le remplissage, une nouvelle délimitation a été nécessaire puisque l'ancienne frontière qui suivait en partie la ligne médiane de l'Ova dal Gall avait été submergée. À la suite de très longues négociations et plus de vingt ans après la mise en service, l'Italie et la Suisse ont signé un accord en 1990 sur un tracé définitif. Une ligne polygonale en trois segments partage une petite portion du lac et va ensuite couper en deux le barrage qui se trouve ainsi parfaitement à cheval sur les deux pays. Pour autant, 95 % de la superficie totale du lac appartient à l'Italie. Voilà pour la répartition géographique.

Quant aux arrangements financiers découlant de la provenance des eaux, la situation était encore plus complexe et a nécessité de nouvelles mesures et de subtils calculs. De son côté, l'Italie a aussi profité de l'abondance en eau de la région pour installer une chaîne de quatre usines hydroélectriques sur son territoire. Au moyen d'un collecteur et d'une conduite forcée, elle a dérivé une partie des eaux du bassin-versant du Spöl vers deux lacs d'accumulation. Or ces eaux sont en partie suisses et auraient dû être rendues à l'Inn. Elles partent désormais vers une autre mer.

Le barrage de Livigno, entièrement exploité par la Suisse, est également alimenté par des eaux de provenance italienne issues soit de la vallée de Livigno, soit de la partie médiane de l'Ova dal Gall. La Suisse doit donc à son tour restituer une partie de sa force motrice à l'Italie. Tout cela a donné lieu à d'interminables tractations. La force électrique dépend en effet du rapport entre l'altitude à laquelle le liquide est capté et la position de l'usine. Il résulte de tous ces ingénieux calculs que c'est finalement l'Italie qui est redevable à la Suisse d'une certaine puissance électrique.

La construction sur le lac de Livigno a nécessité d'aménager de nombreuses voies d'accès. C'est ainsi qu'un tunnel routier a été creusé côté suisse pour parvenir à la hauteur de la couronne de l'ouvrage. C'est ce tunnel qui est fermé ces temps-ci.

Pour essayer de comprendre l'impact que le barrage a eu sur le développement du petit Tibet et sur la manière dont les habitants aiment ou n'aiment pas leur nouveau lac, je passe quelques jours sur place.

Je me rends d'abord au musée local. Il expose sur trois étages la vie quotidienne au temps où aucun passage ne permettait de sortir du haut plateau pendant tout l'hiver. J'apprends que la tradition principale de la vallée était l'émigration de ses habitants vers la Suisse, où on allait se vendre comme domestique ou comme manœuvre sur les chantiers alpins, routes et barrages. J'admire le costume traditionnel de la mariée (noir !), les outils pour travailler le bois, la forme des pains, toujours en couronne pour mieux les enfiler sur un bâton ou pour les pendre à l'abri des souris. J'examine les anciennes photographies d'une imposante vallée à fond plat prise entre deux chaînes de montagnes. On dirait la Haute-Engadine. Elle est désormais sous l'eau. Mais le musée ne raconte plus rien après la Seconde Guerre mondiale.

Comme le site de l'exploitant suisse du barrage ne donne aucune indication sur l'histoire de cette suprême inondation, je passe à l'office du tourisme pour me documenter sur la période qui a suivi, quand cette belle vallée a été recouverte par cent mètres d'eau. J'apprends qu'il n'y a rien à ce sujet et que tout se trouve « chez les Suisses qui nous ont mis sous l'eau ».

Je fouille encore les rayons d'une librairie-papeterie où je finis par dénicher un livre publié en 2005. *C'era una volta*

(« Il était une fois ») est un recueil de photographies des maisons qui ont été rachetées par le propriétaire du barrage avant d'être submergées. Sur la couverture de l'ouvrage, on voit une petite table dressée en plein air devant une ferme. Un monsieur à chapeau représentant l'acquéreur suisse est assis devant une machine à écrire avec laquelle il note sans doute l'inventaire des biens immobiliers du paysan qu'on aperçoit les mains sur les hanches, en attente. Je devine qu'on assiste à l'acte final d'une spoliation définitive. Avec l'argent qu'il reçoit, le paysan pourra construire une nouvelle ferme ou investir dans un commerce ou participer à une société de remontées mécaniques. Ce qui est sûr, c'est qu'il ne pourra plus mener ses vaches dans ses pâturages, plus fréquenter l'église devenue sous-lacustre, ni couper son bois dans les forêts immergées. Il habitera désormais une haute vallée reliée à la Suisse par un tunnel que des milliers de visiteurs du nord de l'Europe emprunteront chaque hiver pour venir skier ou consommer des biens détaxés et superflus.

Le livre est une revue mélancolique des belles maisons qui formaient plusieurs hameaux tout au long de la vallée. Les toits à faible pente sont de bardeaux ou d'ardoise, les murs épais, les réserves de bois imposantes, les fenêtres enfoncées en biseau comme en Engadine. Les granges à foin faites de rondins au milieu des prairies ressemblent à celles du Valais. Ailleurs, le contraste entre les crépis lumineux et le bois sombre souligne des formes qui semblent si bien intégrées au paysage qu'on dirait qu'il les a conçues. Il y a aussi des abris tout en longueur où les vaches viennent s'abreuver, une scierie, un bistrot et des chemins qui mènent à une modeste église au clocher détaché, à l'italienne, mais avec un bulbe perché à l'autrichienne. D'autres maisons sont en pierres apparentes ou à peine jointées de ciment gris, avec des balcons de bois qui prolongent des palissades pour protéger des jardins potagers. Il y a même, datant de 1920, une petite installation pour produire de l'électricité au fil de l'eau. Elle est équipée d'une roue de moulin en bois et appelée pompeusement « La Centrale ». Et encore un bâtiment de trois étages de style administratif avec un mât de drapeau, désigné comme la caserne.

On ne dira pas qu'il s'agissait d'une vallée inhabitée. La vie de toute une région a été engloutie. Les habitants expulsés y ont gagné une route d'accès, des clients, une certaine prospérité, tout en y laissant leur âme. J'imagine ce qu'il se serait passé si une compagnie d'électricité étrangère était venue mettre sous l'eau Davos, Sils-Maria ou Saint-Moritz.

En Suisse, quand une commune ne veut pas d'un barrage, elle sait se défendre, comme l'ont montré celles du Rhin antérieur, qui n'ont pas laissé faire les barons de l'électricité. En Italie, c'est à Rome ou au niveau de la province que les choses se décident et les administrés sont mis devant le fait accompli. Les compagnies grisonnes ont utilisé cette différence de la structure politique, et après l'opposition des communes helvétiques proches du parc national, les barons ont déplacé leur barrage sur la frontière tout en mettant sous l'eau le sol italien. C'est ce que les habitants de Livigno ont appris à leurs dépens. Pas consultés, ils n'ont pu que prier la compagnie helvétique EKW, Engadiner Kraftwerke, de bien vouloir engager de la main-d'œuvre locale pour les travaux pénibles prévus sur leurs terres ci-devant agricoles.

Ainsi, quand je demande à plusieurs personnes, qu'elles soient jeunes ou âgées, si elles aiment leur lac, elles répondent en général : « L'aimer ou ne pas l'aimer, ça ne change rien puisqu'il est là. » Sur quoi certains de mes interlocuteurs ajoutent avec un ton que je sens de reproche : « Mais vous, est-ce que vous ne seriez pas suisse ? »

Lac de Lei

Sur la carte de la Suisse, tout au fond des Grisons, je remarque un petit rectangle tracé au cordeau du GPS qui mord sur le territoire italien. Dans ce rectangle se trouve l'extrémité d'un lac qui bute sur un barrage. L'endroit marqué Lago di Lei m'intrigue. Je décide d'aller voir.

Comme ce lac est perché à une altitude de 1 931 mètres et qu'on est déjà en octobre, j'espère arriver avant la neige. De Genève, je change deux fois de train, à Zurich et à Coire. À Thusis, un car postal remonte la vallée du Rhin en direction de San Bernardino. Changement de car à Andeer. Je suis le seul passager jusqu'à Cresta, le village où j'ai trouvé un hôtel bien que la saison touristique soit terminée. Je suis l'unique client. Et comme la nuit n'est pas encore tombée, je décide d'explorer le fond de la vallée. Le village de Juf à 2 128 mètres est le plus haut de Suisse habité toute l'année. Son nom sonne à la manière de la langue locale, le romanche.

La montagne est pelée, parsemée de vaches d'un noir profond qui ne redescendent jamais en plaine. Quelques taches de rousseur marquent la présence de rhododendrons fanés. Les marmottes, qui selon les indications le long du sentier sont légion, semblent déjà endormies. J'aurais bien aimé entendre le sifflet des guetteuses.

La neige se met à tomber et je ne saurais dire si les plaques de glace du sentier datent encore du dernier hiver ou viennent de se former. J'ai largement dépassé la limite des arbres quand j'atteins enfin Juf. Seul client de l'Edelweiss, je suis accueilli avec bienveillance par la tenancière. Je commande une bière pression, elle me regarde avec compassion : « Vous vouliez dire une bouteille de bière. » J'avais oublié que par ici on ne la sert que comme ça. Puis la femme me parle de la vie du village. Elle a quatre enfants et beaucoup de petits-enfants. Cinq sont encore dans les chalets du voisinage. Elle-même n'est descendue en plaine que pendant six ans, mais l'altitude lui manquait. Elle vivra désormais ici. Si la pandémie n'avait pas siphonné son épargne, elle aurait voulu rafraîchir le crépi extérieur de sa pension avant de mourir. Au-dessus de la cheminée sont empaillées une marmotte, une tête de chamois accompagnée des cornes majestueuses d'un bouquetin, d'un calendrier des foires, de la liste des vins ouverts et de la photo jaunie d'une belle jeune fille qui pourrait bien être celle qui me sert. Comme je lui raconte mon projet de rejoindre le lac de Lei, elle m'explique que si le temps ne s'y prête pas mieux vaut que j'évite le col, qui peut être dangereux. Malgré l'interdiction, elle emprunterait le tunnel du chantier qui permet aujourd'hui encore de franchir la montagne. Elle me parle aussi d'une chapelle sur le versant italien et d'un bistrot dont le folklore mérite qu'on y boive un verre.

Je la quitte à regret et redescends à Cresta avec le dernier car postal. Il dessert Juf plusieurs fois par jour. À l'hôtel Capetta, je passe la soirée à préparer mon expédition au lac de Lei qui se trouve dans une vallée parallèle à celle où je dors cette nuit.

C'est une histoire qui commence à la fin du XIXe siècle quand est construite sur le Rhin, à Thusis, une première centrale hydroélectrique. Avec leurs fortes pentes et le puissant débit des torrents et rivières affluents, le Rhin postérieur, *Hinterrhein*, comme le Rhin antérieur, *Vorderrhein*, se prêtent bien à l'exploitation de la houille blanche. Des projets jaillissent de toutes parts, il est question de fermer par des barrages la vallée principale à la hauteur de Splügen. Mais les habitants des communes dont toutes les terres cultivables seraient submergées résistent, refusent d'accorder des concessions à ceux qu'ils appellent les barons de l'électricité. Par deux fois, en 1930 et 1942, ils votent non. Le canton les soutient auprès du Conseil fédéral et du Tribunal fédéral. De guerre lasse, les promoteurs abandonnent, ils ont une meilleure idée.

En 1946, ils proposent à l'Italie d'inonder une vallée inhabitée (sauf en été par des bergers) dont l'eau s'écoule vers la Suisse. Quand il s'agit de traiter entre deux États, le canton des Grisons ne peut plus faire valoir son droit. Berne et Rome négocient directement. Pourtant, ne fermer que la vallée de Lei ne permettra pas de capter assez d'eau pour une exploitation rentable. Il faudra compléter le ruissellement direct par de la ressource prise en Suisse dans les vallées latérales. On y ajoutera l'eau qui se trouve plus bas en la pompant dans le lac de Lei pendant l'été pour l'exploiter l'hiver venu, quand l'électricité peut être vendue plus cher. L'ensemble du projet est gigantesque. D'abord, un barrage sur le Lei alimenté par plusieurs galeries souterraines ; ensuite, un deuxième barrage 500 mètres au-dessous, relié à un troisième, 500 mètres plus bas encore, qui turbinera l'eau remontée au premier barrage. Un quatrième barrage exploitera la pente naturelle. À la fin, toute l'eau collectée sera rendue au fleuve sans avoir été ni polluée ni réchauffée.

Il y aura donc tout en haut le bassin d'accumulation de la vallée de Lei, retenu par un mur de 138 mètres, d'une épaisseur de 15 mètres à la couronne et de 28 mètres à la base. Cela en Italie, alors que toutes les usines qui profiteront de la déclivité des conduites forcées seront en Suisse. En 1949, une commission italo-suisse se met au travail pour calculer en fonction des apports d'eau de chaque pays ce qui lui échoit en puissance électrique ou en compensation financière. Les Italiens se chargent de construire le barrage du haut, le reste ne les regarde pas.

La commission n'a pas la tâche facile, car au dernier moment le Département militaire fédéral douche les espoirs du gouvernement italien et du Conseil fédéral. Selon les militaires helvétiques, il faut laisser les transalpins édifier le barrage, mais il ne doit pas être sur leur territoire pour deux raisons. La première est que l'Italie pourrait un jour décider de nationaliser la production électrique et d'exproprier les promoteurs qui sont majoritairement suisses. La seconde raison est qu'en cas de conflit armé entre les deux pays l'Italie pourrait faire sauter le barrage et provoquer une onde de choc qui ravagerait la pacifique Helvétie. Je rappelle qu'à cette époque la guerre froide a commencé.

La Confédération se range aux arguments des stratèges galonnés et propose à Rome un échange de territoires qui consiste à rectifier deux fois la frontière. D'une part, l'Italie reçoit plus à l'ouest quelques prairies alpestres, d'autre part, elle cède à la Suisse un rectangle de quelques hectares qui englobera le précieux barrage. Pour ne pas gêner le chantier, on décide que durant toute la construction de l'énorme arc de cercle de béton celui-ci sera sur sol italien, la rectification de frontière n'intervenant qu'une fois la mise en eau terminée.

Tout est donc prêt pour le chantier du siècle. Il durera de 1956 à 1963, requerra l'engagement de 3 400 ouvriers, presque tous italiens. Ils construiront d'abord 37 kilomètres de route et 10 téléphériques pour la livraison de la main-d'œuvre et du matériel. 1 500 Italiens habiteront dans des baraques au bord du futur lac, dans des conditions climatiques extrêmes. Ils creuseront 59 kilomètres de galeries souterraines, capteront 13 cours d'eau, édifieront trois usines et 110 kilomètres de lignes à haute tension.

Les travaux se paient comptant. Au début du chantier, le salaire horaire est de 2,75 francs suisses. À la fin, après diverses pressions syndicales, il passe à 4 francs suisses. Le coût du logement est de 6,50 par jour, travaillé ou pas. Mais le coût le plus remarquable est ailleurs. En plus des nombreux accidents bénins, 3 000 accidents graves, soit presque un par personne, sont recensés. Vingt-six ouvriers meurent sur place, écrasés, engloutis ou précipités dans le vide.

Je me souviens qu'à cette époque, lors de la construction d'un barrage à Mattmark en Valais, quatre-vingt-huit ouvriers avaient été ensevelis d'un coup sous le glacier en surplomb. Il s'était effondré sur les baraques et la cantine. Une blague raciste circulait dans nos écoles. On disait : « Tu sais ce que c'est que la coupe Mattmark ? C'est une couche de glace, une couche d'Italiens, une couche de glace et du chocolat chaud par-dessus. »

Maintenant que j'ai compris la raison de l'excroissance rectangulaire qui orne la frontière nationale, il me reste à me rendre sur place. Le lendemain matin, en écartant les rideaux, je découvre un paysage pris sous la neige. Le premier car postal du jour me conduit jusqu'à la bifurcation, d'où une route bien entretenue mène à l'entrée du tunnel qui passe sous les montagnes dont la crête suit la frontière. J'atteins le portail en une heure et enfile le boyau interdit long d'un kilomètre, creusé pour le passage des engins de chantier. Un étroit trottoir permet de se mettre à l'abri au cas où un véhicule aurait la mauvaise idée d'emprunter le tunnel en même temps. Mais je reste un marcheur solitaire. En plusieurs endroits, la voûte et les parois mouillées m'obligent à me couvrir la tête. Les traces arrondies des marteaux piqueurs dans la roche sont partout visibles. Ce n'est pas la marque d'un tunnelier automatique, mais bien celle du pénible travail des mineurs des années 1950. Comme le tracé du boyau est légèrement courbé, ce n'est qu'à la fin que j'entrevois la lumière du jour.

À la sortie, je suis surpris par un vent violent et une température hivernale. Trois drapeaux flottent au début du barrage : l'italien, le suisse et le grison. Les nuages frôlent à toute allure la surface du lac pris entre deux flancs raides, couverts d'arolles verts et de mélèzes flamboyants de l'arrière-saison. À l'endroit où se situait l'ancienne douane suisse, une exposition photographique raconte les étapes du chantier et l'engagement des promoteurs pour de bonnes causes : conservation de la flore, respect de la faune, sécurité des ouvriers et distribution de faveurs aux communes dont l'eau a été captée. Les barons de l'électricité se présentent en bienfaiteurs de l'humanité.

Je passe sur la couronne du barrage dont le niveau de remplissage n'est pas encore atteint pour l'hiver, on n'est que mi-octobre. La longueur totale du lac est de 7,7 kilomètres, sa largeur autour de 500 mètres. Arrivé de l'autre côté de l'arc de cercle, je constate que la frontière est marquée surtout par la Suisse qui annonce le détail des formalités à remplir pour avoir le droit d'entrer sur son territoire. L'Italie se contente d'une chapelle où se trouvent les noms de quelques-uns des morts du chantier. Du matériel qui semble oublié est entreposé dans un désordre rouillé : engins de levage et de transport, bétonnière et compresseurs archaïques. Quelques centaines de mètres plus loin, un drapeau italien effrangé annonce le bistrot mentionné par la femme d'hier soir.

Le patron est content de m'entendre parler italien et, tandis que je me réchauffe au feu de sa cheminée, me raconte sa vie. Une grande moustache grise et une chemise à carreaux lui donnent l'air d'un de ces bûcherons solitaires qu'on rencontre au fond des forêts canadiennes. Au mur, plusieurs photographies de lui à toutes les époques de son existence. Sur l'une d'elles, il tient un poisson énorme légendé « 65 cm et 2,7 kg ». Il a tôt fait de se plaindre de ces mafieux qui nous gouvernent depuis Rome et de se vanter de ne pas payer l'électricité qu'il vole aux Suisses. Il dit aussi que, de sa vie, il n'a jamais payé aucune des amendes auxquelles fisc ou flics l'ont condamné. Lui, il est un homme libre. J'apprends encore son âge et le jour de son anniversaire, et qu'il a travaillé à la construction du grand dôme de la centrale nucléaire de Creys-Malville, en France. Je retiens sa phrase : « Tout le monde le disait, même les ingénieurs sur place, que cette centrale ne fonctionnerait jamais. »

Pendant que je me réchauffais à l'intérieur, le temps s'est dégradé. Le lac pourtant tout proche n'est plus visible, pris dans les nuages. J'hésite à rebrousser chemin. Finalement, malgré le vent contraire, je continue sur sol italien jusqu'à rejoindre plus loin la descente sur Innerferrera où se trouve une usine hydroélectrique souterraine qui exploite l'eau du lac. Six cents mètres de dénivelé par un sentier taillé dans des rochers mouillés méritent un peu d'attention. Une ou deux fois, je me retiens aux branches des arolles pour ne pas glisser plus bas. Dans ces paysages escarpés, le marcheur solitaire ne peut guère compter sur des secours. Son téléphone n'a plus de connexion au réseau.

Tandis que je fais halte pour un gobelet de thé bouillant de ma thermos, un randonneur surgit en sens inverse. Et comme ce genre de rencontre est plutôt rare par un temps pareil, nous échangeons quelques renseignements. Il me dit que plus bas c'est encore plus glissant et moi je lui parle du bistrot de l'Italien. Il est content d'apprendre qu'il est ouvert, mais manifeste un vrai souci helvétique : « Je n'ai pas d'euros, vous croyez que je pourrai payer mon café avec notre monnaie ? » Je le rassure et nous voilà repartis chacun de son côté. Par ici, toute expérience est binationale.

Verbano

Tous les lacs de la Lombardie présentent la même orientation, descendent des Alpes et s'étirent, plutôt étroits, du nord au sud. Ils sont complètement italiens, sauf deux d'entre eux dont une petite partie est en Suisse.

Dans la nomenclature touristique, on appelle le Verbano lac Majeur, ou même lac de Locarno, et le Ceresio lac de Lugano. Pourtant, à la manière des autochtones, je préfère le petit nom qui claque. Ils n'appellent pas autrement leur lac que le lac, *il lago*.

Les mots pour dire une odeur lacustre particulière ne sont pas faciles à trouver. Il y faudrait un savoir-dire qui égale celui des parfumeurs. Quand je sors de la gare de Lugano, par exemple, je trouve dans l'air, une fois écartée l'odeur des gaz d'échappement, la senteur des châtaigniers qui couvrent les collines. Au printemps le pollen en est suave, presque écœurant. Plus tard son parfum s'évente et se mêle à celui des algues du Ceresio.

L'autre chose qui me frappe à la sortie de la gare est la transparence de l'air. Dans le canton du Tessin, aucune mer de brouillard ne recouvre le lac comme c'est le cas à la mauvaise saison pour tous les lacs du Plateau suisse. Les nuages sur les lacs lombards vont par bancs qui, pour quelques heures, coupent à l'horizontale la silhouette sombre des montagnes. On peut préférer la douceur étalée des brumes sur le Léman, mais par ici tout est plus net. Ou bien le ciel est dégagé de l'aurore au crépuscule ou bien il est bouché, mais complètement. Alors lac et firmament s'obscurcissent et il pleut comme aux tropiques. De Lugano on ne voit même plus l'autre rive, l'italienne où les Milanais viennent jouer au casino de Campione.

Ce qui fait le charme particulier de ce lac comme de tous les lacs alpins du sud, c'est la forte pente de leurs côtes et leur couverture boisée presque intacte. De temps en temps une clairière a été aménagée pour planter un village ou quelques villas entourées de palmiers. Il n'y a que là où les affluents ont formé de larges deltas que de petites villes ont pu s'installer sur un terrain relativement plat. Pour s'étendre, elles doivent grimper à l'assaut des pentes.

À propos de Campione, le village est si coincé par la montagne qu'aucune route ne le relie au reste de l'Italie. Il faut passer par la Suisse pour arriver chez les croupiers. À la fin de la Seconde Guerre mondiale, Campione a été la première mairie libérée par les partisans descendus des sommets. Au large de l'énorme casino, ridicule cathédrale de béton, une portion de lac appartient à l'Italie. Plus au nord, c'est tout un bras qui est italien et, au sud, un autre bras encore du Ceresio que les Italiens n'aiment pas appeler lac de Lugano. Les frontières n'ont pas la rectitude virtuelle qu'elles tracent sur d'autres lacs internationaux. Ce qui les rend sujettes à dispute est que, selon leur disposition, un bateau immatriculé dans un pays est obligé de passer par l'étranger pour rejoindre son propre pays.

Pour l'autre lac transfrontalier du Tessin, le Verbano, qui pour les Suisses est plus souvent nommé lac Majeur, les choses sont plus simples. À son extrémité nord, la Suisse occupe les deux rives. Tout le reste, soit les quatre cinquièmes de la superficie, y compris les îles Borromées, est en Italie. La circulation des transports en commun lacustres est donc internationale. Il y a quelque temps les riverains suisses ont été stupéfiés, ahuris et fâchés quand les employés de la compagnie transnationale de navigation se sont mis en grève. Il a fallu se rendre à l'évidence, l'Italie est si proche que ses mœurs syndicales contaminent les berges helvétiques.

Le niveau des lacs lombards n'est pas facile à réguler. Le Ceresio se déverse dans le Verbano, qui à son tour s'écoule dans la rivière Tessin puis dans le Pô. En hiver, ils peuvent soudain perdre plus d'un mètre. Il leur manque alors des centaines de milliards de litres d'eau. Quand l'automne est trop sec, les poissons ne trouvent plus d'endroit où déposer leurs œufs et l'accès au port pour les gros bateaux est rendu difficile, leur hélice risque de s'accrocher aux bas-fonds.

Le Benaco (lac de Garde) et le Sebino (lac d'Iseo) présentent comme les autres une morphologie très allongée qui les étire vers le sud. Ils forment comme les dents d'un peigne accroché au massif alpin. Pour alimenter ces lacs lombards, des rivières tumultueuses descendent en moins de 100 kilomètres de 3 000 à 200 mètres d'altitude. D'où la forte variation saisonnière du niveau de ces lacs, malgré leur importante profondeur. Les montagnes raides qui les entourent compliquent la circulation sur leur pourtour. Tout ça n'a guère changé. D'autres lacs, comme le Léman, ont été régulés dès le XVIIe siècle par des barrages ou des écluses. Les lacs de Lombardie sont restés quant à eux sauvages et capricieux.

La fluctuation des niveaux n'est pas le seul souci des riverains. Sur les bords du Verbano, à Ispra, un institut scientifique européen s'apprête à créer un deuxième dépôt pour 13 000 m^3 de déchets nucléaires. Il recevra les parties radioactives provenant du démantèlement de deux centrales atomiques. Pas de quoi s'inquiéter, dit-on à ceux qui demandent : la contamination radioactive d'un lac, ça se nettoie comment ?

Le Verbano, en plus de celle du Tessin, reçoit au passage l'eau de plusieurs autres rivières, sans compter celles du Ceresio qui s'y déversent. Le temps de renouvellement de ses eaux est de quatre ans, mais le plus remarquable est qu'alors que sa surface se trouve à une altitude de 190 mètres son fond est à 180 mètres au-dessous du niveau de la mer.

Pour le Verbano comme pour le Ceresio, des lignes de bateaux régulières permettent d'accéder à la plupart des villages riverains. Le trafic le plus intense se déroule autour de Stresa en Italie, point de départ des navettes pour les îles Borromées. En été, le flux des touristes ne s'interrompt qu'à la nuit tombée.

Parmi ceux qui ont aimé à la fois le Ceresio et le Verbano, on trouve Hermann Hesse qui a profité des largesses d'une famille de mécènes. Il a passé plus de la moitié de sa vie au Tessin. Arrivé à la fin de la Première Guerre mondiale, il s'en est pris aux autres Allemands installés près de chez lui, les traitant de profiteurs de guerre. Une fois ces profiteurs retournés au pays pour soutenir Hitler, Hesse a choisi la nationalité suisse. Il passait ses journées à peindre les paysages qui l'enchantaient, à leur dédier des poèmes, à cultiver ses fleurs et sa riche correspondance. Dix mille lettres aux quatre vents du monde. À mon goût, Hesse est un peu fade, mais comme il l'est avec persévérance, je suis allé lui rendre visite dans la maison qu'il a occupée. Elle est ouverte toute l'année, j'en ai fait le tour le jour de Noël sans réviser mon jugement sévère.

Je préfère Stendhal. Il raconte si bien son amour des lacs qui baignent, fût-ce en partie, sa chère Italie. Le 18 juillet 1817, il note dans son carnet de voyage : « Rien dans l'univers ne peut être comparé au charme de ces jours brûlants d'été passés sur les lacs du Milanais, au milieu de ces bosquets de châtaigniers si verts qui viennent baigner leurs branches dans les ondes. » Et plus loin il parle de « la plus belle vue qui existe au monde après la baie de Naples ». Il s'en souviendra quelques années plus tard quand il placera *La Chartreuse de Parme* au bord de ces lacs.

Dans son roman, le jeune Fabrice del Dongo, 18 ans, habite le château de Grianta au bord du lac de Côme. Quand il apprend que Napoléon s'est enfui de l'île d'Elbe et remonte vers Paris, l'impatient Fabrice, passionné par l'Empereur, veut le suivre. Pour cela il a besoin d'un passeport qui lui permette de traverser la Suisse et de rejoindre la France. Un menuisier, admirateur de Napoléon, le lui fournit. Il voyage de Grianta à Lugano en utilisant la double nationalité du Ceresio.

Vers la fin du roman, après de nombreux épisodes, Fabrice, qui se trouve en Italie, est de nouveau obligé de fuir en terrain neutre pour échapper à l'échafaud. Cette fois il n'utilisera plus le Ceresio, mais l'autre lac binational, le Verbano. L'amoureuse qui organise son exfiltration, la Sanseverina, le fait passer de Belgirate en Italie à Locarno, sur le même lac, mais en Suisse.

Ainsi en un seul roman Stendhal utilise-t-il deux lacs qui permettent de se jouer des frontières. Qui dit mieux ?

FRONTIÈRES LÉMANIQUES

Lac des Brenets

Outre le Léman, seul grand lac transfrontalier partagé entre la Suisse et la France, il existe entre ces deux pays plusieurs autres bassins appelés « lacs ». Il s'agit à proprement parler de renflements du Doubs. Mais le Léman n'est-il pas lui aussi un renflement du Rhône dont l'eau valaisanne marque une pause avant de ressortir à Genève ?

Le long du Doubs, le lac de Moron n'existe que depuis la construction d'un barrage après la Seconde Guerre mondiale. Ce dernier, 20 millions de mètres cubes, est retenu par une voûte de 74 mètres de hauteur. En 1953, deux fermes ont été englouties sous ses eaux claires. Lors de sécheresses exceptionnelles, on peut voir émerger leurs ruines fantomatiques. Il n'y a d'accès que pédestre à ce lac qui se trouve au fond d'une vallée encaissée. On y descend depuis Les Planchettes, village situé derrière La Chaux-de-Fonds, à 1 062 mètres d'altitude. Même quand il fait grand beau sur la ville horlogère, il arrive qu'il faille traverser un épais couvercle de brouillard pour descendre au bord du Moron, à 658 mètres d'altitude. Les pentes creusées dans le calcaire apparent sont si raides que même au plus fort de l'été, quand le brouillard ne s'y met pas, le soleil ne se reflète que quelques heures sur le lac enfoncé entre deux flancs. Plus en amont sur le Doubs se trouve le lac des Brenets.

Il n'est pas artificiel. Il y a environ 12 000 ans qu'il est né brusquement, quand un écroulement rocheux est venu obstruer le cours du Doubs. La rivière a creusé son lit profondément dans la montagne jurassienne. Elle fait plusieurs boucles sur une longueur de 3,5 kilomètres, formant trois bassins distincts. Le premier est le lac des Brenets proprement dit, les deux autres font partie des gorges du Doubs, qui se terminent par une chute spectaculaire de 27 mètres. La France, qui le nomme lac de Chaillexon, l'a classé grand site national. Après de fortes pluies, il peut être très imposant. J'ai fait le tour du lac dans un petit bateau qui promène les estivants sous la conduite d'un capitaine bienveillant et peu avare d'anecdotes. Je ne les répète pas, elles valent le déplacement.

J'étais venu par ici en sortie scolaire à la fin des années 1950. Je vois encore la lointaine silhouette d'un plongeur se jetant dans l'eau du haut de la falaise, côté français. Je me souviens qu'il s'appelait « le curé volant » et que les deux professeurs qui nous accompagnaient nous avaient expliqué avec des tremblements émus que l'homme faisait ça pour avoir de quoi donner à manger à ses pauvres paroissiens. Sauter de quarante mètres, risquer sa vie, les petits écoliers en ont parlé longtemps. J'en avais déduit deux choses. D'abord que les Français devaient être très pauvres, ensuite qu'en France les curés pouvaient être autre chose que des diables en soutane.

De ce lac frontalier des Brenets, je garde un autre souvenir, une photographie qui date de la Première Guerre mondiale. La mère de mon grand-père, mon arrière-grand-mère donc, avait trois fils : Léopold, Charles et Albert. Le premier, mon grand-oncle Léopold, s'était établi à Paris ; le deuxième était parti faire carrière sur la côte ouest des États-Unis. Quant au dernier, mon grand-père, il était resté en Suisse, très attaché à sa mère. Et voilà que commence la guerre. Léopold devient officier de l'armée française, stationné avec son régiment le long de la frontière du Doubs, là où l'ennemi allemand pourrait faire une percée surprise après avoir traversé la Suisse. Mon grand-père, lui, simple soldat, est incorporé dans un régiment suisse qui garde la frontière à la portée des fusils français. La mère des deux militaires s'inquiète : si les hostilités se déclenchent, ses fils pourraient s'entretuer. Quant à Charles, elle espère que les États-Unis ne l'enverront jamais se battre en Europe.

Or les choses ne se passent pas comme les mères se les imaginent. Pendant la guerre, Charles meurt bêtement dans un accident de voiture. Pour rassurer leur mère, Léopold et Albert, les deux survivants, décident de se retrouver en cachette. Léopold semble avoir traversé de nuit en bateau le lac des Brenets. Un ami est chargé par les deux frères de photographier leur rencontre. Pour la mère, l'image de ses deux fils côte à côte servira de preuve : ils ne s'entretueront pas. Je possède cette photographie que mon père m'a transmise. Le fond est neutre, il ne faut pas qu'on puisse reconnaître l'endroit. Léopold porte un crêpe noir sur la manche gauche de son uniforme d'officier français pour signifier le deuil de son frère. Albert, soldat suisse en uniforme râpeux, fixe l'objectif sans sourire. L'un et l'autre ont vécu jusqu'à plus de 80 ans.

J'aimais beaucoup mon oncle Léopold. Il m'avait appris un jeu qui lui venait de son séjour dans les tranchées de la Première Guerre mondiale. Il nouait son mouchoir de poche de manière à en faire une petite souris blanche avec deux oreilles et une longue queue. Il la caressait doucement, m'invitait à en faire autant. Mais dès que je passais ma main d'enfant sur son dos, le mouchoir me sautait à la figure. Il faut un doigté particulier pour réussir ce coup-là qui amuse les enfants. Je ne me lassais pas de ce jeu. Quand mes parents m'ont emmené chez lui à Paris, je ne l'ai embrassé qu'après lui avoir fait promettre de me montrer la petite souris blanche.

Ainsi les lacs frontaliers en temps de guerre changent-ils de fonction. La contrebande fleurit, les passages de personnes deviennent plus dangereux, et quand finissent les hostilités, les anecdotes alimentent leur légende. Sur le bateau touristique qui frôle les rochers à pic, le capitaine très loquace et très savant tient à vous en faire profiter.

Léman

Quand je visite un lac frontalier, ma référence reste le Léman au bord duquel j'ai passé la plus grande partie de ma vie. Je connais ses dimensions, ses couleurs, ses paysages, c'est mon point fixe pour chaque comparaison. Je connais par cœur les villages et les villes qui l'entourent. J'y ai trempé ma plume comme des centaines d'autres avant moi.

De tous les lacs internationaux, il est celui dont j'aurais le plus à dire. Mais les usages du Léman, scientifiques, littéraires, économiques, artistiques, sont si variés que je peine à en faire l'inventaire. J'hésite à décrire une fois encore ses rives entre la France et la Suisse. Pas envie non plus d'y projeter mes états d'âme qui se modifient au fur et à mesure que ses couleurs, ses parfums et ses reflets changent.

Je pourrais expliquer comment il a servi de voie navigable quand aucune route n'en faisait le tour. Je pourrais en parler comme d'un garde-manger au temps où ses riverains avaient ses poissons pour nourriture principale. Ou bien je pourrais raconter sa fonction économique, son exploitation touristique, la traversée quotidienne des cargaisons de frontaliers entre Évian et Lausanne. Ou encore, dire l'histoire de ses frontières quand les Savoyards en étaient les maîtres grâce à leurs galères, puis les Bernois, puis les rois de France. Fustiger l'armée suisse qui a immergé ses munitions surnuméraires dans ses profondeurs. Je pourrais finalement parler des clubs nautiques, des régates, de la forme des barques, de l'exploration de ses abysses par un sous-marin russe, du détournement de ses reflets par les vignes abruptes, du chevalet d'un peintre guettant dès l'aube le rose sur la pointe du mont Blanc. Je pourrais recenser les naufrages que ses vagues ont provoqués, les noyades des imprudents, les suicides d'amoureuses, les crimes déguisés en accidents. Je pourrais raconter le plaisir de s'y baigner nu la nuit ou dans l'eau glacée, mais pas trop l'été quand d'invisibles puces de canards s'attaquent à votre peau et vous couvrent de boutons. Ou bien encore, évoquer les interminables discussions de la Commission internationale pour la protection des eaux du Léman (CIPEL) et le consensus pour abaisser tous les quatre ans le niveau du lac.

Difficile pour moi de rendre compte du Léman avec des yeux neufs. Heureusement, au début des années 2020, j'ai rencontré Virginie qui a changé mon regard sur lui. Elle aime ce lac, mais avec plus de distance. En voiture, elle a visité Évian et Lausanne, mais guère plus. Je me souviens du jour de notre rencontre, c'était aux Bains des Pâquis sur la rade. Baigneuse et baigneur, nous nous entretenions de tout et de rien. À cette occasion, elle m'avait dit qu'elle aurait très envie de faire le tour du Léman à pied, mais par étapes pour tenir compte de son emploi du temps qui n'avait pas l'air simple entre ses deux vies, l'une à Genève, l'autre à Paris.

Je l'ai revue quelques jours plus tard au même endroit. Elle nageait son quatre fois cent mètres avant d'étaler sa crème solaire. Elle m'a reparlé de son envie de faire le tour du Léman. Tenter ensemble cette randonnée m'a séduit, je lui ai proposé un essai. Ce serait une Française et un Suisse autour d'un lac qui n'est ni à l'un ni à l'autre, mais aux deux à la fois.

Pour une première étape en plein été avant la tombée de la nuit, je réserve pour nous une table au bord de l'eau, à l'écart de la route, sous des platanes, à une dizaine de kilomètres de la ville. Deux bonnes heures depuis Genève, un petit entraînement.

Notre rendez-vous est aux Bains des Pâquis, et nous voilà partis. Pour un itinéraire sans trop de voitures, nous traversons les parcs du bord du lac jusqu'à un bâtiment que j'appelle la fabrique de vaseline du capital, en réalité le siège de l'Organisation mondiale du commerce. Nous avons lu l'un et l'autre *Belle du Seigneur* et savons que l'amant d'Ariane passait là de mornes journées à échafauder toutes sortes de stratagèmes rocambolesques et amoureux.

Après le Jardin botanique où la roue d'un paon encombre notre parcours, nous grimpons par le chemin de l'Impératrice (Eugénie) jusqu'à un autre bâtiment surveillé par des militaires et des caméras, l'ambassade des États-Unis d'Amérique.

La ville de Genève se termine ici. Virginie est en robe d'été, un gilet de laine dans son sac à main. Je porte des sandales ouvertes et un pull sur les épaules.

Nous longeons les grilles de résidences diplomatiques jusqu'à un site soudain dégagé, en surplomb du Léman. Devant nous, une table d'orientation en demi-lune indique le nom des sommets, tous en France : le dôme du Goûter, le mont Blanc, l'aiguille du Midi et les Grandes Jorasses.

Je désigne à Virginie l'endroit de la rive d'en face qui s'avance dans l'eau. À la pointe d'Yvoire, le Petit Lac se termine. Plus loin, le Léman s'élargit, prend la forme d'une banane, pendue au Rhône par ses deux extrémités. Les trois cinquièmes de son étendue sont en Suisse, le reste en France.

Nous contemplons un décor éclairé par les premiers tons roses du soir. Virginie raconte que nous nous trouvons face à la plus grande masse d'eau du continent et à son sommet le plus élevé. Léman et mont Blanc, profondeur et hauteur, deux extrêmes de l'Europe. Pour ne pas être en reste, j'explique que pour qu'une goutte d'eau du Rhône traverse entièrement le Léman jusqu'à Genève, elle a besoin de douze ans. Elle voyage d'abord dans le Haut Lac, puis le Grand et le Petit. Portée par les seules couches de surface, elle pourrait atteindre Genève en quelques jours. Les pêcheurs qui travaillent avec des filets dérivants ont observé que ceux-ci se déplacent. Parfois, ils s'accusent mutuellement d'avoir posé des filets en territoire étranger, bien qu'ils aient agi de bonne foi.

« Tu en sais des choses, dit Virginie avec malice. S'il te plaît, on ne pourrait pas avancer un peu, j'ai froid. »

À travers une prairie ornée de perchoirs pour les rapaces et d'un ruisseau dans les roseaux, nous rejoignons le bois qui borde l'autoroute et la piste de l'aéroport. Nuisances sonores garanties.

Après un grand parc public, je montre à Virginie la résidence de Gorbatchev, celle où il a rencontré Reagan pour mettre fin à la guerre froide. Elle écoute patiemment. « Vous les Suisses, dit-elle, c'est ça votre truc, les bons offices. Ça doit bien rapporter… Mais moi, j'ai faim. »

Nous passons sous les voies et la route pour arriver au restaurant du Creux-de-Genthod. Une plage de galets, des pédalos alignés, une buvette déjà fermée, une lumière céleste encore douce. Virginie enfile son gilet de laine bleu. Nous prenons place l'un à côté de l'autre pour voir le Léman et les lumières de la rive d'en face, avec le Salève par-dessus comme un dos d'éléphant. Plusieurs fois, je lui demande si elle n'a pas froid parce que moi, sans le dire, j'apprécie peu la brise du soir. On nous apporte des couvertures et le vin rouge du pays. Sur mon téléphone, je lui lis la distance que nous venons de parcourir, douze kilomètres. « Une première étape, dit-elle, ça donne envie. Et combien de temps pour le tour complet ? »

Nous nous amusons à deviner le métier des autres clients, elle me parle du sien. Elle travaille dans le commerce des matières premières, passe en moyenne trois jours à Genève et quatre à Paris où, de son bureau dans une tour de la Défense, elle peut voir jusqu'à l'Arc de Triomphe. Elle trouve ses collègues sympathiques et son travail plutôt privé de sens.

Après le repas, pour rejoindre la gare de Versoix, nous marchons dans la nuit, traversons un ruisseau, un campement de Gitans, jusqu'à la clarté des lampadaires de la gare. Virginie se souvient qu'ici Voltaire a conçu le projet d'une ville nouvelle. Dans l'attente du train sur le seul banc du quai, j'ouvre l'application Wikipédia. À l'époque, Versoix était en territoire français. Le but de la construction d'une ville nouvelle était de concurrencer Genève. Le plan a été abandonné en 1777. En 1815, la commune a été rattachée à la Suisse. « Voilà, dis-je, ici s'est terminée la présence française sur la rive nord.
– Voyons, réplique Virginie, on s'était mis d'accord pour que je ne sois pas la représentante de la France. »

Pas grand monde dans le train, à part un groupe de femmes de ménage sud-américaines en conversation pour une histoire de patron mauvais payeur. Derrière la vitre du compartiment, le Léman sans lumière n'est qu'une béance noire.

Un mois plus tard, je revois Virginie tandis qu'elle sort de l'eau aux Pâquis. Elle s'excuse de n'avoir pas répondu à mes mails. Son travail l'a retenue. Elle propose de reprendre notre boucle à Versoix dès le lendemain soir. Je la retrouve à la gare de Genève. Dix minutes de train, avec ceux qu'on appelle les pendulaires, parce qu'ils travaillent en ville et habitent par ici.

D'un bon pas, nous filons par un chemin plat vers l'est, remontons le cours de la Versoix, tels des randonneurs aguerris. De temps en temps nous apercevons le lac un peu plus bas, couleur d'été, en pleine lumière encore, à 8 heures du soir.

Nous ne parlons guère, chacun pensant peut-être encore à sa journée de travail. Soudain, elle me retient : « Quelle chance on a, s'être trouvés avec la bénédiction du Léman. »

Elle dit que Léman est comme le nom d'une personne qui veillerait sur nous, suivrait nos faits et gestes, une manière de personnage de roman, comme nous, mais qui dure depuis la nuit des temps et qui leur survivra. Je ne m'attendais pas à la trouver si sentimentale.

À la hauteur de Coppet, nous plongeons vers le rivage. D'abord sous les voies de chemin de fer, puis le long de la façade rose du château de Mme de Staël. À la fin, nous traversons la route Genève-Lausanne qu'on appelle encore la route suisse. Sur l'autre rive, par Thonon et Évian, on dit la route française. On peut aussi prendre par les autoroutes avec des indications en bleu côté français, en vert côté suisse pour être sûrs de se tromper.

« Tu ne pourrais pas, dit Virginie, éviter de toujours t'intéresser à nos différences, ne pas me parler comme si je devais représenter mon pays ? »

À la buvette du port, je cherche deux boissons au comptoir. Virginie installe au ras de l'eau deux fauteuils alu, légers et confortables. Nous sommes côte à côte face au Léman. Le soleil éclaire encore la rive opposée. De ce côté, il a déjà disparu derrière la chaîne du Jura. En face, entre le massif des Voirons et celui du Salève, s'ouvre la vallée de l'Arve qu'on ne soupçonne pas si large quand on la voit de Genève. En se déplaçant le long du lac, on a l'impression que les montagnes changent de place. Le mont Blanc qui se trouvait à droite des Voirons pointe désormais à sa gauche, le Salève est comme avachi. Le Môle n'est plus triangulaire.

Des voiles blanches sur l'eau telles des grappes de raisin se fraient un passage autour d'un bateau qui ressemble à une armoire frigorifique. Il donne de la trompe pour les effrayer. De gros avions passent juste au-dessus de nous en sortant leur train d'atterrissage. Je me rends compte que je ne sais pas grand-chose de Virginie. Peut-être que je n'en saurais jamais davantage. La piste de l'aéroport est toute proche. Virginie détaille « EasyJet, Swiss, Air France ». Entre deux avions, des canards groupés en V font semblant de retrouver l'état migratoire. Mais ils sont de vieux sédentaires.

Le soleil n'éclaire que les nuages les plus hauts d'un rose tout en nuances. Nous attendons le rouge, puis le violet. Frissons à la surface de l'eau. Le soir, la direction du vent s'inverse, les terres de la côte refroidissent plus vite que les eaux du lac. Trois drapeaux à l'extrémité du débarcadère, restés flasques le jour durant, commencent à se déployer.

La nuit monte comme venue du fond des eaux sombres. Le ciel passe au gris-bleu, au gris foncé et finira bientôt noir. Des bateaux rentrent au port, des marins d'eau douce viennent au bar pour un dernier verre. Sur la rive d'en face, les lumières s'allument une à une, ou ensemble quand il s'agit de l'éclairage public de tout un village.

Virginie fait observer que les lacs frontaliers, ça doit marquer le caractère. Habiter au bord d'un lac dont la rive opposée fait partie d'un autre pays n'est pas anodin. « Quand tu as sous les yeux à longueur de journée la rive française, ou la rive italienne, ou la rive allemande, ça doit influencer ta vision de l'autre. » Virginie affine sa théorie parce qu'elle vient d'un pays dont les frontières sont d'abord des mers ou des chaînes de montagnes. Ni l'océan, ni les Pyrénées, ni les Alpes, ni les Vosges ne permettent d'avoir ses voisins sous les yeux. Les montagnes divisent, les lacs rapprochent.

En remontant vers la gare, nous découvrons au-dessus du Jura un ciel resté clair. Là-bas derrière, le soleil ne s'est pas encore couché sur la France.

Une semaine plus tard, nous commençons par un voyage en train jusqu'à Coppet. Au lieu de descendre vers le château de Mme de Staël, nous prenons par le haut à travers des quartiers de villas. Virginie dit qu'entre ces murs clairs et ces clôtures soignées les existences sont cataloguées : papa, maman, les enfants et les mensonges du mariage. Où sont les solitaires, les vieux, les traîne-savates, les artistes ? Et les amoureux ?

« Tu vois bien, dit-elle, qu'on est en Suisse et pas sur la rive d'en face. Il reste quelques touches de couleur locale, mais plus pour longtemps. Quand par le hublot d'un avion à l'atterrissage tu découvres ce quartier, tu te demandes si tu n'es pas en train de te poser à Los Angeles ou à Hambourg. Les maisons familiales sont aussi standardisées que les voitures qui sortent chaque matin du double garage. »

À la limite des zones de construction, aucun champ n'est en friche, le colza se fane lentement, le blé vient d'être coupé, les arbres fruitiers alignés s'accrochent aux espaliers. Quelques bosquets sont laissés touffus pour les oiseaux et le respect des quotas agricoles. Le long du Jura, un rideau gris sous de gros nuages blancs impressionne Virginie. Elle y voit une menace pour la suite de notre promenade. Un vent froid semble lui donner raison. Mais le ciel entend les vœux des randonneurs, les épargnera jusqu'au prochain village, puis encore jusqu'au suivant. À 20 h 30, Virginie ralentit, fait signe qu'elle meurt de faim. Nous entrons dans une auberge que nous croyions villageoise. Elle est plutôt gastronomique. Nous prenons place comme si nous avions précisément prévu d'y faire étape au cours d'un circuit organisé.

Quand nous sortons de là, la lune s'est levée pour permettre à deux marcheurs heureux de retrouver la gare de Nyon. Virginie m'annonce qu'elle se réjouit de la prochaine étape.

Il se passe ensuite plus d'un mois, après plusieurs échanges de mails, avant que nous nous donnions rendez-vous à 17 heures en gare de Genève. Virginie a troqué sa robe stricte contre des vêtements légers. Je suis aussi équipé en marcheur. Le train nous laisse à Nyon, nous visons d'abord Rolle que je connais bien.

« Parce que tu connais Jean-Luc Godard ? » demande Virginie. Oui, il est à Rolle avec ses habitudes depuis 1977. Le matin, il sort à 9 heures, achète les journaux français au kiosque. Tous les jours, *Libération* et *Le Monde*, et une fois par semaine, *Le Canard enchaîné* et *Charlie Hebdo*, mais jamais les journaux suisses. Il va les lire face au Léman, demande un verre d'eau avec son café, passe parfois chez le marchand de cigares, dit bonjour à la patrouilleuse scolaire qui fait traverser la rue aux enfants. Parfois, il ajoute même : Ça va ? Mais pas plus. On le voit sur le banc face au débarcadère avec au loin la France. Il semble ruminer, tirant sur son cigare, cheveux gris ébouriffés, lunettes teintées. L'homme cinéma a dit adieu au langage. Il lui reste une voix rauque, essoufflée, pour saluer chaque matin le bleu pastel du Léman. « Tu as vraiment l'air de l'aimer », dit Virginie.

Nous longeons les voies, puis une prairie tondue d'où décolle un frêle monomoteur ballotté par le vent. Comme l'annonce un écriteau rouillé accroché à la barrière, un biplan Antonov, stationné en bord de piste, attend jusqu'à douze passagers pour un vol de plaisance. Virginie dit qu'elle ne voudrait pas embarquer dans un tel coucou. Je me moque gentiment d'elle, lui rappelant les milliers de kilomètres célestes qu'elle confie à des ordinateurs et des pilotes automatiques. Quand nous arrivons au village suivant, elle note que pour une Parisienne comme elle difficile de ne pas confondre ces noms de lieux autour du lac, Pully, Cully, Choully, et maintenant Dully. Heureusement, ce nom, personne d'autre ne semble le porter, tandis que des Virginie, on en trouve par milliers.

Quand nous passons la ligne des Toblerones – à cause de sa forme crénelée qui rappelle celle des barres de chocolat –, je lui explique que les stratèges militaires helvétiques craignaient une invasion par une armée de blindés venant de France. Ils avaient prévu de laisser l'ennemi s'emparer de Genève. Ils l'attendraient plus loin, retranchés derrière une barrière antichar faite d'énormes blocs de béton. Quelques milliers de dents de dragon tout le long d'une ligne allant du lac jusqu'aux contreforts du Jura. L'appellation officielle gravée sur une plaque est : « Ligne fortifiée de la Promenthouse. » Certains patriotes ont pu s'imaginer que cette défense bétonnée, jamais utilisée, avait dissuadé les belligérants d'affronter l'armée suisse. C'est pourquoi ces vestiges ont été inscrits au patrimoine national et personne ne s'aviserait plus d'en demander la démolition. Virginie sourit, moqueuse, ne peut s'empêcher d'ajouter une remarque sur *vous les Suisses*. Elle veut savoir comment se règle le niveau du lac. Je lui explique qu'à sa sortie à Genève le Léman est régulé par un barrage qui permet de fournir de l'eau en quantité aux centrales nucléaires françaises en aval, le long du Rhône.

Et maintenant, examinons une étrange coïncidence dont même le scénario de série le plus invraisemblable ne saurait s'enorgueillir. Voici les faits. Au cours de cette promenade entre Nyon et Rolle qui dure plus de trois heures, nous faisons halte sur un banc pour manger les sandwiches que j'ai préparés et boire le thé froid de la thermos de Virginie. Le banc se trouve entre de grands arbres devant un temple protestant construit dans la pente, face au panorama. Nous repérons Thonon, Évian et, entre les deux, le delta de la Dranse. Le paysage est adouci par une lumière rasante qui allonge nos ombres, deux silhouettes côte à côte projetées sur l'herbe à nos pieds. Et quand nos têtes se rapprochent, nos ombres s'embrassent, étirées comme des sculptures de Giacometti.

Pour une raison qui tient du mystère ou de la magie littéraire, Virginie se met à me parler d'un livre de Stendhal que je n'ai pas lu. Elle l'a découvert à 18 ans, devoir de vacances. « Tu sais, dit-elle, à 50 ans, Stendhal a commencé le récit de son enfance pour savoir d'où lui venait son goût de l'aventure. Tu dois lire ça, absolument. »

Tandis que je note le titre sur mon carnet, *Vie de Henry Brulard*, la cloche grave du temple marque l'heure par huit coups de battant. Moment de bonheur souligné d'un premier baiser. Virginie me sourit.

La descente vers Rolle se fait à travers un quartier de constructions neuves. J'indique à Virginie la maison où vit et travaille le cinéaste que j'admire. Nous descendons jusqu'au rivage. Une bande de terre a été ajoutée devant les jardins pour offrir aux promeneurs l'occasion de mieux voir au loin les rives françaises. Nous faisons halte au débarcadère, constatons que l'heure du dernier bateau est passée, remontons en direction de la gare. « Rolle, dit Virginie, me plaît beaucoup, le lac, le village, les arbres, la présence de Godard, tout. »

Et voici la coïncidence.

Deux jours plus tard, quand je me procure *Vie de Henry Brulard* à la librairie, je lis au chapitre XLIV le récit du premier voyage de Stendhal vers l'Italie. Il part de Genève en direction de Lausanne, visant la traversée des Alpes par le Grand-Saint-Bernard. Entre Nyon et Rolle, il s'assied sur un banc près d'une église, sous de grands arbres, et contemple le paysage à ses pieds tandis que sonne « la cloche grave ». Oui, parfaitement, sur un banc, peut-être même celui où Virginie évoquait pour moi le destin de Henry Brulard, alias Stendhal. « Je voyais ce beau lac s'étendre sous mes yeux [...] Là, ce me semble, a été mon approche la plus voisine du bonheur parfait. [...] Que dire d'un tel moment, sans mentir, sans tomber dans le roman ? » Quand je découvre ce passage qui démontre qu'avant nous Stendhal a éprouvé « le ravissement de Rolle », je photocopie la page et la glisse sur-le-champ dans la boîte mail de Virginie. Le soir, elle me répond par un texto d'un seul mot : Incroyable. Voilà donc la preuve qu'un homme que nous admirons a su être heureux à l'endroit même où nous avons connu tous deux un bonheur dont nous retrouvons la transcription.

Et pour faire durer cette coïncidence, on notera que quelques semaines plus tard, tandis que chez lui à Rolle

Godard reçoit une journaliste de France Culture, j'entends en arrière-fond « la cloche grave d'une église voisine ».

Un dimanche que Virginie est restée à Genève, elle en profite pour me proposer les vingt kilomètres qui mènent de Rolle à Morges. Dans le train nous discutons de la fameuse coïncidence stendhalienne. Dans *Vie de Henry Brulard*, j'ai retrouvé une scène où le narrateur découvre une vieille édition de *Don Quichotte* et éclate de rire. C'est la première fois que Brulard rit depuis que sa mère est morte. N'est-ce pas la preuve que la littérature nous réserve de vraies expériences que nous ajoutons à notre histoire ? Des expériences esthétiques, mais réelles. La littérature n'est pas là comme un produit de consolation, mais pour nous faire vivre d'autres vies que la nôtre. Brulard lit un livre, ça le fait rire plus que tout ce qu'il a pu éprouver depuis la perte de sa mère.

Notre train arrive en gare de Rolle. Il est 11 heures. Le lac s'offre à nous, scintillant d'un bleu, disons lavande. Les différents bleus de l'eau ne sont jamais que le miroir du ciel dont la couleur vient de la difficulté du soleil à traverser l'épaisseur d'air qui entoure la planète.

Quatre heures de route nous attendent, Virginie propose de ne pas tarder. Bientôt le chemin le long de la rive bute sur une propriété privée. Des riverains accapareurs ont clôturé le passage avec du fil de fer barbelé. Il faut remonter par les vignes mises *à ban*, c'est-à-dire interdites d'accès. De là-haut, le Léman dépose partout son bleu. Les lointaines forêts d'en face, du côté de Thonon, n'ont plus la moindre nuance de vert.

Nous redescendons dans le vignoble, traversons la route suisse, retrouvons la plage de l'Eau noire sur le petit delta d'une rivière. Entre les chênes et les pins, nous remontons son cours jusqu'à un pont qu'emprunte en même temps que nous une famille avec son gros chien.

Dans l'air flotte l'odeur rance des kiwis. Produits en grande quantité, avec l'arrosage permanent qu'ils semblent réclamer, ces fruits poilus pourraient dissuader Virginie d'en consommer chaque matin. Nous accélérons pour échapper à la puanteur.

Sur deux kilomètres, le long d'un trottoir, les habitats pavillonnaires se bousculent pour s'assurer une échappée vers le lac. Puis descente douce vers un parc aux arbres centenaires. Comme ce sera sans doute l'un des derniers dimanches où la température de l'eau convient à la baignade, le site est fréquenté par des pique-niqueurs qui déballent de savants attirails sortis du coffre de leur voiture. Table, chaises, parasol, glacière, thermos, paniers, nappes, serviettes, assiettes et gobelets. J'avise un banc libre à l'ombre, face au lac. Nous nous contentons de deux modestes sandwiches avant d'entamer le genre de discussion sérieuse que nous avons sur l'oreiller. Il s'agit de l'usage que d'innombrables auteurs, en particulier Rousseau, font du Léman. Je tiens à faire un détour par le village de Saint-Prex. À ce nom il ne manque qu'une lettre pour être dans *La Nouvelle Héloïse* où Julie se défend de l'amour de Saint-Preux. Elle finira noyée dans le Léman, si cher à Jean-Jacques qui l'appelle toujours le lac de Genève.

De jolies maisons sont accrochées aux anciens remparts de Saint-Prex. Virginie trouve l'endroit trop léché, trop cossu. Pour me recevoir, elle préférerait une chambre sous les toits, et à Rolle bien sûr.

Entre Saint-Prex et Morges, la route et les rails rasent les berges, les randonneurs passent sous les voies avant de les longer. En dix minutes, trois trains nous dépassent en interrompant notre conversation enjouée. Qu'est-ce qu'on disait ? Une chambre sous les toits ? Toujours ces rêves d'adolescents.

Après le pont sur un autre affluent lémanique à l'entrée de Morges, les rives appartiennent de nouveau aux promeneurs, aux baigneurs, aux marchands de glaces. Un imposant château s'offre comme prétexte à un échange de vues animé. Cette fois, c'est à propos des canons qui défendent l'entrée. Elle n'aime pas que j'écrive en cachette au feutre rouge sur l'affût : « Quelle connerie, la guerre ! »

Nous vidons nos verres sur une terrasse que le soleil réchauffe. Elle dit : « Tu m'as fait faire une sacrée trotte. » Et moi : « Tu allais si vite, j'ai failli réclamer une pause. » Sur ce, elle m'annonce qu'elle ne reviendra pas à Genève pendant plus de deux mois, mais qu'elle continuera volontiers notre boucle lacustre.

À son retour, nous avons rendez-vous à Morges un dimanche après-midi. À la fin de l'automne, le Léman aussi a encore de belles couleurs. J'attends Virginie sur une terrasse. Elle arrive, resplendissante. Nous commençons nos retrouvailles en observant les promeneurs, des familles avec poussette, de vieux messieurs très dignes, des femmes seules avec leur épagneul, qui sourient à leur portable. Tous plutôt du côté de la richesse, comme le prouve le prix des boules de glace dont Virginie se régale.

De nos chaises, nous contemplons l'étendue d'eau calme qui se termine en Savoie par une ligne brune, la partie habitée, et les montagnes au-dessus. Les unes aux sommets neigeux, les autres, juste un feston sombre contre le bleu du ciel. Virginie me prend par la main. J'ai l'impression de ne l'avoir quittée qu'hier.

Il est 16 heures. Nous prévoyons deux heures et demie pour atteindre Lausanne. Elle dit qu'elle a perdu l'habitude de marcher. Nous longeons d'abord le quai agrémenté de maisons de notables, et d'un casino blanc avec des fenêtres rondes dans le toit, qui ressemble à une pièce montée.

À la sortie de la ville, la plate-bande continue est remplacée par des bacs à fleurs de plus en plus espacés. Puis plus rien, ni déambulateurs, ni poussettes, ni trottinettes, le chemin n'est pas goudronné. Entre le lac et les peupliers, ni bordures ni parapets, les vaguelettes finissent à nos pieds dans un sable clair mêlé de galets. Comme le Léman se présente en enfilade, il paraît sans fin, comme un paysage marin.

Nous barbotons dans la bonne humeur. Elle serre fort ma main. Ça dure jusqu'à un quartier de petites maisons alignées face au Léman. Sur des chevalets, des barques retournées pour l'hiver attendent un improbable coup de pinceau. Des enfants ont abandonné un toboggan de plastique, une balançoire pendue à la branche d'un chêne, une cabane dans le creux d'un noyer. Les cultures maraîchères céderont bientôt la place à la spéculation immobilière. Plus loin, l'ordre règne de nouveau, les propriétés vidéosurveillées, clôturées, abritent trois voitures par famille.

Je désigne pour Virginie une maison des plus communes, jardin potager mal entretenu. C'était celle du banquier nazi qui a publié *Mein Kampf* de Hitler et d'autres pamphlets antisémites. Elle s'étonne à peine, s'est habituée aux compromis du pays. À voix haute, nous lisons les noms, villa Bon Espoir, villa La Grève, sans référence à la lutte des classes, villa La Vague, au singulier, villa Nos Pénates, tout un programme. Les grands arbres sont plus âgés que les constructions qu'ils cachent, sauf les oliviers en pot, déjà emballés pour l'hiver, et les palmiers rabougris qu'on a trompés sur le climat. Virginie ironise sur tous ces spécimens de collecteurs pour les déchets. De la simple poubelle transparente au conteneur où disparaissent les restes des banquets de plein air. Un pays propre, en ordre.

Sur la hauteur, à l'approche de Lausanne, je lui montre le campus où j'ai étudié dans ma jeunesse. Je propose de pousser jusqu'à un restaurant où j'ai mes habitudes. Deux marcheurs dans la cité en pente parlent du plaisir d'avoir passé la journée ensemble. Nous ne cherchons pas la fusion, juste une harmonie passagère. Une amitié liquide qui coule entre les obstacles, comme le Léman qui brasse les galets, mais si longtemps que tout finit par s'arrondir.

Trois semaines plus tard, nous réservons tout un dimanche pour marcher de Lausanne à Clarens. En sortant du train, nous dévalons la pente jusqu'au port, puis avançons vers l'est par les quais aménagés avec le soin qu'on met à décorer un salon. Les panneaux didactiques se succèdent sur le parapet de pierre : leçons d'histoire, anecdotes, renseignements sur la faune, commentaires sur la façon dont d'autres, diplomates, peintres et promeneurs, ont fréquenté ce lieu. À treize kilomètres au large, séparée par une eau très rarement fâchée, la tache claire d'Évian surmontée d'une guirlande alpestre.

Nous saluons l'hôtel d'Angleterre. James Joyce y prenait son thé avec un verre de vin blanc. Puis le Musée olympique et les jardins du musée de la Photographie. Encore trois ou quatre commentaires historiques français-anglais à consulter sur plaque de cuivre. Le quai se termine par une ancienne tour restaurée. Ensuite le chemin est réservé aux marcheurs sans poussette ni patins. Pour croiser un promeneur, nous avançons l'un derrière l'autre sans interrompre notre conversation. Les propriétaires ont dû laisser un passage, d'abord pour les douaniers, puis pour les contrebandiers et maintenant pour des gens comme nous, animés du seul désir de promenade. Virginie s'étonne de la variété des constructions, du chalet folklorique au cube de verre.

De temps en temps, nous pointons un détail pour être sûrs que l'autre l'a vu : le vol de trois cygnes haut dans le ciel, un pêcheur qui tire son filet, un bref éclair au loin, reflet d'une vitre qui s'ouvre sur la rive française. Deux cormorans s'ébrouent sur un petit rocher immergé pour sécher leur plumage, comme les bergers d'une crèche de Noël écartent leur houppelande. Un bâton en travers du museau, un chien précède son maître, jogger essoufflé.

Chaque parcelle est occupée par une construction entièrement tournée vers l'eau, comme si le spectacle du lac et des Alpes de Savoie était la seule raison de s'établir ici. Entre les propriétés, séparations étanches. Alignement de soldats de plomb face à la beauté du Léman. Est-ce qu'à la longue on s'en lasse ?

Le bourg suivant vient jusqu'au bord de l'eau, près du débarcadère. Sur le port, terrasses de café, publicités, voitures. Virginie désigne une maison, crépi rouge et volets verts, dominant un parchet de vignes. C'est la demeure du poète que se disputent désormais héritiers et lettrés. Salut, monsieur Ramuz.

Deux kilomètres plus loin, encore un débarcadère, une place, un banc. Nous y posons nos sacs. D'ici le lac déploie sa forme de banane bleue. Comme nous nous trouvons sur le point le plus haut de sa courbure, nous en devinons les deux extrémités, là où le Rhône encore rivière vient le nourrir, et là où il s'écoule dans le Rhône devenu fleuve. Virginie essaie de commenter les lignes parallèles qui strient l'eau de différents bleus, mais les mots ne suffisent pas.

Le vignoble de Lavaux a été préservé de la spéculation immobilière par quelques vignerons opiniâtres. Depuis un fameux vote populaire, il est interdit d'ajouter des constructions à ce vaste coteau classé patrimoine mondial. La route cantonale et les voies ferrées le long de l'eau occupent toute la place. Le sentier monte dans le vignoble entre des murs de pierres sèches, romains peut-être, ou seulement médiévaux. Les rayons du soleil frappent deux fois la vigne, d'abord directement depuis le ciel, puis renvoyés par le lac. Virginie sort de son sac des lunettes noires pour jouer à la starlette en recherche d'anonymat.

En descendant vers Cully, nous trouvons au milieu du village un restaurant pour goûter au poisson du lac. Les perches se mangent avec ou sans sauce, meunières ou frites, avec le vin blanc du terroir que nous avons traversé. Il est servi dans des verres que Virginie juge minuscules : « Votre amour helvétique de l'épargne », dit-elle. Même si nous avons décidé de ne pas évoquer la différence de nos nationalités, nous continuons l'un et l'autre nos remarques taquines.

Une heure plus tard, nous allons de nouveau dans la lumière diffuse, le soleil nous chauffe le dos. À perte de vue, les sillons du vignoble suivent les courbes de niveau. Derniers jours de janvier, la vigne laisse la sève redescendre en terre. On en profite pour la tailler, pour attacher une seule pousse par pied au fil de fer le plus bas. Deux autres fils tendus plus haut attendent les feuilles et les grappes. Sur le toit d'une ferme, des tuiles plus claires que les autres marquent un millésime. Virginie dit : « C'est l'année de naissance de ma fille qui aura 20 ans dans quelques jours. » Et elle prend une photo.

La montagne à pic dans le lac, plus de place, même pour des maisons accrochées. Nous accordons notre pas en nous donnant le bras. Après une nouvelle montée par un escalier pris entre deux murs hauts, nous décidons d'une pause. Le banc, abrité d'un petit vent frais, offre une vue au loin vers l'ouest, par-dessus les vignes et le lac jusqu'aux Alpes de Savoie. Ordonnance du vignoble, reflets du ciel dans le miroir du lac, immensité de l'azur. J'ouvre mon sac, verse un godet de thé bouillant. Tous deux muets, nous pensons la même chose, sans avoir besoin de le dire.

Nous descendons à Vevey à travers des constructions toujours plus denses. Je montre à Virginie l'endroit où Le Corbusier a dessiné pour ses parents une maisonnette au bord de l'eau, puis le siège mondial de Nestlé. Je lui raconte que les mouettes du lac ont mangé l'étanchéité du toit, un comble pour une industrie alimentaire. Les oiseaux ont picoré un plastique qui leur paraissait comestible. Tout était à refaire. Elle dit : « J'aime tes histoires, même quand ce sont des mensonges. » Je lui montre le lieu où cinq fois par siècle la fête des Vignerons s'installe au cœur de la ville. Une fourchette gigantesque plantée dans le lac annonce le musée de l'Alimentation.

Le soleil se couche tôt. Après Vevey, nous retrouvons l'hôtel réservé. Il date du XIXe siècle, Courbet y a eu ses habitudes. Victor Hugo l'a fréquenté. L'hôtel Bon Rivage est resté modeste, le restaurant est fermé. Notre chambre est au dernier étage avec deux fenêtres latérales et une baie face au Léman. Les cygnes ont déjà replié le cou dans les plumes de leur dos. Une soirée toute rose, le calme d'une eau dormante, le relief des montagnes d'en face, à la fois savoyardes et valaisannes, mis en évidence par une lumière rasante. Sur la rive d'en face, une traînée de brume comme un ruban diaphane marque le différentiel de la pression atmosphérique. Serrés l'un contre l'autre derrière la vitre, nous laissons le jour baisser. Nul besoin de commenter. Jusqu'à ce qu'elle dise : « Et si on allait manger ? »

Le dernier vendredi de février, malgré un ciel incertain, Virginie m'annonce qu'elle est prête à reprendre la boucle à partir de Clarens. Nous cherchons un hôtel qui, d'après les photos trouvées sur la Toile, donne directement sur le Léman. La chambre a même un balcon où elle pourra fumer. Villa Kruger doit son nom à un colon blanc d'Afrique du Sud qui l'a fait construire vers la fin du XIXe siècle. Elle est tenue par un couple dont les seuls enfants sont deux caniches blancs que l'hôtelier porte tendrement sur son ventre.

La chambre est garnie de fanfreluches et d'un mobilier encombrant. Les robinets dorés sont d'origine, le marbre glissant de la salle de bains aussi. Le nombre d'oreillers permettrait de passer la nuit à se livrer à une bataille de coussins. De notre terrasse, malgré le froid, nous contemplons longuement la lune qui tente un timide reflet sur le miroir lémanique. Après une cigarette et deux baisers, nous nous retirons dans la chambre.

Au petit déjeuner, nous sommes calés dans des fauteuils Louis XVI et servis dans de la porcelaine de Delft. Aux murs, des tableaux de petits maîtres servent de décor à une avalanche de viennoiseries, de charcuterie et de salade de fruits. Nous en profitons pour confectionner quelques sandwiches, notre repas de midi. Je raconte à l'hôtelier que nous sommes en train de faire le tour du lac à pied. Celui-ci, toujours encombré de deux caniches dans le creux de ses bras, nous fait savoir qu'il a eu pour clients deux globe-trotters en route pour un tour du monde. Et d'où venaient-ils ? Il avoue que pour le moment, partis de Morges, ils en sont à leur deuxième étape. « Ma femme et moi, dit-il, voudrions aussi entreprendre un grand voyage, mais nos petits nous retiennent. » Sur quoi les deux chiens poussent des aboiements de gratitude.

Dans la brume du matin, la villa que nous quittons semble un manoir hanté dans une lande écossaise. J'imite la stridence des caniches, mais Virginie sourit à peine. Le ciel bas ne laisse rien deviner des sommets enneigés. Le paysage est pris entre un lac noirâtre, un couvercle de nuages gris et des rives française et suisse plutôt sombres. Nous suivons un cheminement pour piétons, aménagé avec un soin de jardinier. Murets, bacs à fleurs, haies taillées, rien ne traîne, ni feuilles mortes ni brindilles. Sur les quais de Montreux, on balaie chaque jour pour ne pas gêner la progression des promeneurs aisés de la Riviera.

Tous les cinquante mètres, un banc fait face au lac, accompagné chaque fois d'évocations du passé sur une plaque de fonte qui rappelle d'autres voyageurs de passage. Ici s'est assis Nabokov, plus loin Tolstoï a écrit à sa tante une lettre longuement citée. Sur le banc à la hauteur du débarcadère, Rousseau a imaginé que les personnages de *La Nouvelle Héloïse* se retrouvaient. Virginie lit une citation des *Confessions* où Jean-Jacques raconte comment lui est venue l'idée de ce lieu. Nous passons ensuite sans regret devant plusieurs quatre étoiles, à l'intention desquels elle remarque crânement : « Nos nuits sont plus belles que vos étoiles. »

Nous essayons d'admirer le château de Chillon d'un regard neuf, comme s'il n'était pas l'un des monuments touristiques les plus rabâchés de Suisse. Son emplacement stratégique permettait de contrôler le passage. Pour les voyageurs du Moyen Âge, venant du col du Simplon ou du Grand-Saint-Bernard, impossible de sortir du Valais par une route. Des deux côtés du Léman, la montagne tombe à pic comme dans un lac alpin. Le glacier qui l'a formé n'a pas réussi à étaler son creusement, comme plus loin, à partir de Lausanne, où ses rives sont douces, faites d'anciennes moraines. Le château de Chillon exploite l'étranglement des eaux. Le reste est folklore pour touristes asiatiques pressés qui passent plus de temps à choisir casquettes et T-shirts qu'à s'apitoyer sur les chaînes qui entravaient les prisonniers célèbres. « Aucune envie de m'arrêter », dit Virginie.

Quelques centaines de mètres plus loin commence le village de Villeneuve d'où dépasse sur notre gauche un fier clocher roman. Jusqu'au début de la Seconde Guerre mondiale, Romain Rolland a vécu à la villa Olga, à côté du parc de l'hôtel Byron, aujourd'hui établissement médical. Il en a fait un bastion de la pensée pacifiste, y a reçu Gandhi, Stefan Zweig, Panaït Istrati, Gide, Aragon… Virginie interrompt mon énumération.

Le Rhône qui se jette dans le lac forme un vaste delta plat. Longtemps, cette plaine alluviale est restée marécageuse. Aujourd'hui, en partie drainée, elle sert d'escale aux oiseaux migrateurs. Devenue réserve naturelle, elle ne cédera pas sa place à un aérodrome comme il en a longtemps été question. Les sentiers des promeneurs sont délimités par une couche de sciure qui assouplit le pas. Une tour de bois haute de plusieurs étages permet au citadin curieux de surplomber la zone humide sans déranger les oiseaux qui nichent, se reposent, se nourrissent entre les roseaux. Des panneaux expliquent le nom des échassiers, comparent le plumage des mâles à celui des femelles, déclinent les statistiques migratoires, la manière de se comporter en présence des volatiles. Virginie préfère continuer et s'arrêter plus loin, quand on verra de nouveau le Léman.

Nous l'avons perdu de vue, il se trouve après les roseaux. Nous suivons le parcours fléché, croisons un groupe d'enfants, jumelles au cou, conduits par un joyeux instituteur et un photographe ornithologue dont l'équipement doit peser autant que lui. Pendant des millénaires, le Rhône se séparait en plusieurs bras avant d'entrer dans le lac. Désormais canalisé, il se divise entre Vieux Rhône et Rhône tout court. Nous cherchons le pont en amont, un détour de quelques kilomètres.

À midi, quand nous rejoignons le terminus ferroviaire à la frontière suisse, il bruine un crachin gelé. Nous discutons : « Ou bien on s'arrête ici, on attend un train et on rentre, ou bien on pousse jusqu'à Évian, encore une vingtaine de kilomètres. »

Nous mangeons les sandwiches préparés dans la villa, versons un peu de thé chaud dans le gobelet de la thermos, faisons l'inventaire de ce qui nous attend. À moins d'un détour improbable par les hauteurs enneigées, il faudra longer une route sans trottoir, coincée au bord de l'eau grise sous un ciel bas. À quoi bon ? Mais si tu veux en faire le tour à pied, le Léman t'oblige à passer par là.

Nous hésitons, consultons l'horaire des trains. Il faudrait remonter la vallée du Rhône pour rejoindre la ligne qui retourne à Genève. Prochain départ dans une heure. Nous choisissons de continuer jusqu'à Évian.

Aucun conducteur n'aime trouver deux piétons empiétant sur son territoire. Marcher le long d'une route à grand trafic ne nous permet plus d'être l'un à côté de l'autre. Quand deux voitures se croisent à notre hauteur, nous parvenons à nous plaquer contre le rocher. De temps en temps, l'ancienne voie ferrée couverte d'herbe sale permet de se sentir moins à l'étroit. Depuis des décennies ces rails ne servent plus, personne n'a récupéré les grands signaux noir et blanc qui indiquaient l'approche d'un passage à niveau non gardé. On l'appelait la ligne du Tonkin, une allusion aux colonies de la France.

À Meillerie, la montagne a envie de descendre sur la route. De gros rochers sont retenus par des filets d'acier. Parfois les mailles sont percées et une coulée de caillasse vient obstruer le passage. L'hiver dernier, la route a été coupée pendant plusieurs jours, les habitants du village ont été ravitaillés par bateau.

Le long de la rue principale de Meillerie, les volets sont cloués, les portes condamnées. Des panneaux indiquent une mise en vente et personne ne s'y promène. Les voitures font gicler l'eau sale des flaques, ici la France est profonde et pauvre. Nous descendons vers le port, c'est moins triste et c'est habité. Les nuages se soulèvent pour laisser voir en face le côté suisse et riche de la vie. « Ce serait donc ici ? » demande Virginie. Non, le fameux rocher de Rousseau est plus haut. Pour un hommage à *La Nouvelle Héloïse*, il faut grimper. Je me souviens d'être venu ici à vélo. Nous peinons à trouver l'endroit. Enfin nous lisons, gravé dans le calcaire : « Ô Julie, voilà la pierre où je m'asseyais pour contempler au loin ton heureux séjour. » Salut, Jean-Jacques !

Nous partageons le dernier gobelet de thé chaud et une barre de céréales. Nous sommes là où Saint-Preux visait la rive d'en face avec une longue-vue pour espionner Julie. Nous sommes dans le livre, mais il s'agit d'un leurre. Ces deux amoureux-là, dont j'ai lu toutes les lettres et Virginie, seulement quelques-unes, n'ont jamais existé. Pourtant d'autres amoureux viennent ici, comme si le lieu avait été occupé un jour par des vivants célèbres. Virginie s'étonne : « Tu ne trouves pas ça bizarre ? Surtout si on pense à notre banc au-dessus de Rolle. Là au moins c'était un Stendhal en chair et en os qui avait entendu la cloche comme nous. »

Je reprends mon sac à dos, Virginie fait de même. Sans plus dire un mot, nous redescendons sur la route à grand trafic où chaque voiture risque de nous écraser. Le ciel qui a été romantique et sombre redevient lentement radieux vers la fin de l'après-midi. Mais le froid et la fatigue nous empêchent de nous en réjouir.

Quand nous marchons le long du Léman, sans parapet, à fleur d'eau, il n'y a plus de premier plan solide, c'est tout de suite le liquide. Si c'était un tableau, le bleu du lac irait du bord inférieur à la moitié de la hauteur de la toile. Ensuite seulement viendrait l'horizontale qui marque l'autre rive. Au-dessus il y aurait une bande étroite, les coteaux, les montagnes. Plus haut encore, touchant le bord supérieur, le ciel. Trois bandes horizontales de bas en haut, eau, terre et ciel. Le reste n'est qu'anecdote, pêcheur sur le lac, bâtiments blancs dans la bande médiane, un avion dans l'azur. Rien qui vaille la peine d'entrer dans ce tableau.

Au bout de quarante kilomètres, nous arrivons à Évian épuisés. La nuit tombe. Nous nous réchauffons dans un café aux vitres embuées en attendant le bateau pour Lausanne, celui de 18 heures. À bord, il fait nuit et froid. Par les vitres perlées d'embrun, les lumières jaunes de Savoie s'éloignent et celles plus claires du rivage helvétique se rapprochent.

Pour lui changer les idées, je raconte à Virginie des événements qui illustrent un usage politique de la frontière lacustre. Elle semble intéressée.

En ce temps-là, au début des années 1960, chaque matin, la tranquillité des mouettes, foulques et canards était troublée par d'énormes oiseaux qui traversaient le Léman en vrombissant. Deux hélicoptères à croix blanche sur fond rouge en accompagnaient un troisième qu'ils semblaient protéger.

Ils prenaient leur envol non loin du jet d'eau de Genève et se posaient à Évian sur la rive française. Au lieu d'y aller tout droit comme des oiseaux, ils survolaient sagement la partie suisse des eaux, comme s'ils craignaient d'enjamber la ligne imaginaire qui oblige les pêcheurs de chaque rive à ne pas jeter leurs filets plus loin que le milieu du Léman.

Quand les trois hélicoptères se décidaient à traverser le lac, ils visaient à Évian un grand bâtiment blanc à côté duquel était aménagée une piste d'atterrissage. Deux d'entre eux restaient immobiles au-dessus de l'endroit où le troisième se posait. Les trois passagers en complet foncé et avec des mallettes de cuir étaient à peine débarqués que déjà la machine décollait. Et les trois hélicoptères, cette fois à la queue leu leu, repartaient d'où ils étaient venus. Ils y atterrissaient de nouveau, trois autres passagers étaient embarqués puis déposés encore une fois dans la même zone de la rive sud. Puis une fois encore un aller-retour. Ensuite seulement, l'aéroport de Genève était rouvert, laissant décoller et atterrir les avions de ligne.

Pendant toute la journée, les hélicoptères restaient au sol à Genève. À Évian, autour du point de chute de leur cargaison, des gendarmes et des journalistes couraient en tous sens, tandis que sur l'eau des vedettes rapides patrouillaient à vive allure, ouvrant un sillage d'écume du plus bel effet. L'aéroport de Genève était de nouveau fermé vers 18 heures. Le triple va-et-vient des hélicoptères recommençait pour ramener les trois fois trois passagers d'où ils étaient partis le matin. Après le coucher du soleil, des pinceaux incandescents balayaient le ciel et la surface du lac. Mouettes, foulques et canards étaient rarement laissés en paix.

Ce que ces vrais oiseaux du Léman dans leur sagesse ne pouvaient pas savoir était que cet usage du lac et de sa frontière internationale était une astuce mise au point par le gouvernement de la Confédération suisse pour permettre à des gens, qui se livraient une guerre sanglante depuis sept ans et plus, de négocier la fin des hostilités et la création d'une nation indépendante.

En 1961, des premiers contacts avaient eu lieu en secret entre un envoyé du président de la République et un porte-parole des insurgés. La première rencontre s'était tenue à Lucerne entre un banquier, émissaire du général de Gaulle, et un membre du GPRA (Gouvernement provisoire de la République algérienne).

« Je crois que je sais qui était ce banquier, dit Virginie. C'était Georges Pompidou. »

Je ne le savais pas, mais je poursuis. D'autres échanges ont eu lieu à Neuchâtel, non loin du domicile du président de la Confédération. Après la découverte d'un cas d'espionnage français en Suisse qui avait abouti à la capture par la France des cinq dirigeants autonomistes, dont Ben Bella, et au suicide du procureur de la Confédération, la Suisse n'avait plus eu de raisons de prendre parti pour la France coloniale. C'est pourquoi les insurgés algériens passés en Suisse n'étaient plus guère inquiétés. Le gouvernement fédéral avait facilité la rencontre du banquier, donc Georges Pompidou, avec l'émissaire du GPRA. Les deux parties s'étaient dites prêtes à négocier. Restait à s'accorder sur le lieu d'une conférence au niveau ministériel. De Gaulle avait proposé un château non loin de Paris. Les « rebelles » avaient exigé un terrain neutre qui oblige la France à reconnaître qu'il s'agissait d'une question entre elle et une nation en devenir.

Quelqu'un avait pensé à un lac frontalier, à l'usage qu'on pouvait faire d'une frontière liquide que n'entravait aucun barbelé. Puisque la Suisse et la France possédaient entre elles cette limite lacustre, pourquoi ne pas en profiter ? Ainsi la réunion se tiendrait-elle à Évian, mais les membres du GPRA résideraient en Suisse et ne viendraient à la table des négociations que pendant la journée et sous protection de la neutralité helvétique.

Pour ce genre de mise en scène, de Gaulle, très à cheval sur les symboles, avait tout de suite écrit à la délégation du GPRA une lettre sympathique, mais ferme. Pas question que M. le sous-préfet de Thonon, responsable de la sécurité, leur serrât la main. « C'est qu'en France nous respectons le protocole diplomatique », m'interrompt Virginie.

Je continue. La première conférence d'Évian, de mai à juillet 1961, avait buté sur le statut du Sahara. Pour les uns, le désert faisait partie de leur futur pays ; pour les autres, impossible d'abandonner les mines, le pétrole et le terrain d'essai des bombes atomiques françaises. Après de nouveaux pourparlers secrets, organisés aux Rousses, dans un lieu où le passage entre les deux pays est facile, les résultats étaient assez avancés pour tenter une deuxième conférence ministérielle à Évian.

On était en mars 1962. Cette fois, les chances d'aboutir étaient réelles. Au lieu de loger près de Genève, les ministres algériens avaient été installés plus près d'Évian, mais toujours en Suisse, au signal de Bougy. Ç'aurait été pure routine de les déposer chaque matin sur l'esplanade de l'hôtel du Parc si le mauvais temps ne s'en était pas mêlé. Mais une tempête s'était levée. Au matin du 17 mars, impossible de faire décoller les hélicoptères. Par route, le trajet aurait été beaucoup trop long. Il était exclu de faire une centaine de kilomètres autour du lac. Certains Français ne voulaient pas la paix. Le simple nom d'Évian leur restait en travers de la gorge, les ultras étaient aux aguets, le maire de la ville avait déjà été déchiqueté dans un attentat de l'OAS, Organisation armée secrète. Restait le passage sur l'eau. Les rives étaient couvertes de glaçons qui faisaient de jolis festons aux balustrades. Aux portes de la conférence, les photographes passaient leur temps à en tirer des clichés artistiques qui faisaient le tour du monde. Les vedettes militaires ou les hors-bord de la gendarmerie n'auraient pu se risquer à une traversée sur un Léman déchaîné. En phase finale de négociations, l'absence du GPRA aurait été une catastrophe.

Les Suisses devaient inventer. À gros problème, gros bateau. Un bâtiment touristique et stable avait été extrait de son hangar hivernal. Au lieu des huit cents passagers habituels, il ne transporterait que les neuf membres de la délégation conduite par Krim Belkacem, le Lion des djebels, et leurs protecteurs helvétiques. Ils seraient à pied d'œuvre, comme prévu, pour 10 h 30.

Le lendemain, la conférence aboutissait à un accord historique signé par les deux parties. La France s'amputait de plus de la moitié de son territoire. Cessez-le-feu, naissance d'une nation. Grâce à sa frontière lacustre, le Léman avait offert à tous sa bienveillante protection.

Virginie a écouté patiemment mon exposé. Pour seul commentaire elle dit se réjouir de débarquer à Lausanne. Nous montons à la gare avec le métro. Sur le quai, dans l'air glacé, nous attendons le train pour Genève, chacun dans ses pensées, écrasés de fatigue.

Quelques semaines plus tard, nous revoilà sur un bâtiment qui traverse le Léman de Lausanne à Évian. Pour la journée, nous visons Yvoire et le lendemain Genève. Mais pour le moment nous sommes attablés avec le capitaine de *L'Italie* qui nous détaille les flottes helvétiques.

Sur ses vingt bâtiments, la flotte de la Compagnie générale de navigation (CGN) est capable de transporter plus de 12 000 passagers. La flotte du lac de Zurich est la plus importante de Suisse, elle a deux bateaux de plus que la CGN. Oui, mais cinq sont des bacs qui embarquent des voitures, est-ce que ça compte ? La flotte du lac de Lugano ne possède que dix bateaux et celle du lac de Constance neuf.

Le capitaine est fier de sa compagnie. En attendant la manœuvre à l'arrivée d'Évian, il a laissé sa place à son second et s'est attablé au salon du pont inférieur. Virginie lui pose des questions précises. Je comprends qu'elle veut des renseignements à propos de cette frontière sur le lac.

« Pour moi, dit le capitaine, c'est juste un "traitillé" sur une carte, elle n'existe pas vraiment. Les frontières sur terre, celles-là, oui, elles existent. Peut-être même de manière plus marquée entre la Savoie et l'Isère ou entre les cantons suisses que sur l'eau entre deux pays. Quand on habite autour d'un lac, ça force l'entraide, même si la situation politique se tend. Pendant la dernière guerre, il y avait des échanges, viande contre café et tabac. Plus tard on a dit que c'était de la contrebande. Parfois c'était plus risqué. Un membre de ma famille a voulu passer des chronomètres en or pour un trafiquant, ça s'est terminé dans une maison avec des barreaux. Il y a aussi des profiteurs de guerre. Un compatriote avait embarqué à bord de son bateau trente-deux Juifs, leur avait fait faire un petit tour et les avait reposés sur la même rive en leur faisant croire qu'il les avait débarqués en Suisse. Il a fallu qu'un autre compatriote plus charitable les prenne à seize dans son bateau de pêche pour traverser en deux fois, grâce à des complicités en Suisse. On communiquait par signaux lumineux entre gens du lac. »

« Vous êtes français ? » demande Virginie. L'homme aux quatre galons : « Je ne suis pas vraiment français, j'ai même parfois de la peine à chanter notre hymne national. Pendant toute mon enfance, je n'ai jamais entendu d'autre station radio que l'émetteur suisse. Les prévisions du temps y étaient plus fiables que celles diffusées depuis Paris. Les agriculteurs écoutaient ces prévisions-là, mais aussi la "pièce policière" du lundi soir. Par la suite, ma fille a épousé un double national et maintenant j'ai de la famille des deux côtés. Le lac, ce n'est pas que la solidarité des riverains, ça peut être aussi la lutte contre les éléments. Mon père avait deux frères qui ont été pris dans une tempête. Ils se sont noyés, on n'a jamais retrouvé leurs corps. La seule trace d'eux, c'étaient leurs ongles plantés dans le bois du bord du bateau. Ils ont dû lutter longtemps en vain. Mon père n'a plus jamais voulu naviguer. Pour lui, le lac, c'était la mort. Vers la fin de sa vie, j'ai réussi à l'embarquer pour une traversée, ça fait drôle, vous savez. »

Je me rends au bar, prépare trois cafés sur un plateau, viens les poser sur la table. La conversation porte sur l'évolution de la profession : « La navigation a beaucoup changé, dit le capitaine. Il y a quelques années, quand un bateau de la CGN coupait la route d'un voilier, celui-ci avait le temps de se ranger, il me faisait un coup de miroir auquel je répondais par un coup de corne. Aujourd'hui je leur laisse à peine le temps pour se mettre de côté. Je n'ai plus la même patience ou le même respect des petits bateaux. Le sauvetage aussi est devenu un autre métier. Au lieu de l'entraide entre gens qui vivent du lac, c'est devenu la chose des pompiers et des bureaucrates. Dans le cas d'un naufrage par gros temps d'une navette de frontaliers, il faudrait des gens habitués aux vagues du lac, qui savent comment accoster un bateau en perdition. La dernière fois qu'on a exercé le scénario, on s'est rendu compte que les temps d'intervention étaient beaucoup trop longs et qu'on aurait de la peine à retrouver des survivants après trois quarts d'heure dans l'eau glacée. Il vaudrait mieux impliquer les pêcheurs qui connaissent le lac. »

Le capitaine a maintenant l'air amer, il finit son café, prend congé, remonte à son poste. Virginie m'observe pianoter sur mon téléphone : « Tu ferais ça, toi, toute ta vie sur le même lac ? » Je hausse les épaules sans répondre.

Sortis sur la plateforme de proue, nous sommes exposés au vent, mais plus près du paysage. Nous sommes censés passer la frontière invisible au milieu des treize kilomètres. C'est vrai, nous avions oublié que pendant la Seconde Guerre mondiale c'était une vraie frontière avec l'armée allemande en embuscade et les douaniers de l'État français en prime. Nous approchons du rivage, les montagnes de Savoie prennent de la hauteur, les pointes neigeuses disparaissent derrière leurs contreforts, les palaces surannés se distinguent parmi la verdure. Virginie consulte son téléphone et désigne du doigt l'endroit où se trouvait le Splendide, l'hôtel de Marcel Proust.

L'accostage à Évian se fait en douceur, le personnel de bord nous salue, souhaite à chaque passager une agréable journée sur sol français. Le capitaine à l'étage nous fait un salut militaire. Comme la route le long du lac est sans trottoir et encombrée de voitures, nous en choisissons une autre, plus haut en direction de Publier, un nom que je prétends proche de peuplier quand Virginie y voit une résonance avec Proust, dont elle m'assure qu'il a « publié à compte d'auteur ». Il nous faut plus d'une heure pour arriver à la mairie de Publier, décorée de fleurs, de drapeaux et de monuments. L'un d'eux est dédié à Jean Moulin, sous-préfet de Haute-Savoie à Thonon avant d'être résistant, torturé, dénoncé par on ne sait toujours pas qui. Son buste d'un marbre clair porte une écharpe de marbre noir. Elle imite mal l'écharpe rouge qui l'a toujours distingué. Un autre monument célèbre la mémoire des cent cinquante soldats haut-savoyards tombés en Indochine au service du colonialisme. Je photographie Virginie à côté du héros à l'écharpe rouge. Elle promet de m'acheter la même à Paris.

Nous nous remettons en marche sans quitter la hauteur d'où le lac a des nuances vertes et moirées comme une étoffe de velours. La Dranse, principal affluent du lac après le Rhône, fait barrage à notre promenade. Pour trouver enfin un pont, nous descendons, passons sous la voie rapide, franchissons un rond-point. La rivière gonflée comme un torrent déforme nos reflets. Nous nous amusons à rapprocher nos têtes pour faire s'embrasser nos ombres aquatiques, gamineries pour une photo. Puis j'évoque pour Virginie une autre histoire de cloche du côté de Rolle, en Suisse.

C'était vers 1820, une barque au large de Rolle et une autre par ici, à l'embouchure. Le père dans la première, le fils dans la seconde, parés pour l'expérience. Côté père, retenue par une chaîne, une cloche immergée de soixante-cinq kilos qu'il fallait frapper à l'aide d'un long marteau courbé, fixé au bout d'un levier. En même temps, le mouvement du levier était transmis à une plaque recouverte de poudre. Une lance à feu s'y abaissait et l'enflammait. Ce signal lumineux indiquait le moment précis où le père avait frappé la cloche.

À quatorze kilomètres de là, au large de Rolle, le fils détectait le son de la cloche immergée grâce à un long tube en fer-blanc qui formait comme un énorme cornet acoustique. Quand il recevait de Rolle le signal lumineux qui indiquait que la cloche avait été percutée, le fils enclenchait son chronomètre. Quelques secondes plus tard, l'oreille collée à son tube, quand il entendait le son de la cloche, il interrompait le chrono. Ce qu'ils faisaient ? Le père et son fils mesuraient la vitesse de propagation du son dans un liquide. Arago avait prédit une vitesse théorique, il s'agissait de la vérifier.

Cette expérience avait valu à Jean-Daniel Colladon, âgé de seulement 25 ans, le grand prix de l'Académie des sciences de Paris. Plus tard il avait conforté ses résultats sur une distance de cinquante kilomètres. Sous l'eau, à Nyon, il avait immergé une cloche de cinq cents kilos. Et à l'autre extrémité, à Montreux, une seconde barque avait recueilli le résultat. Colladon rêvait d'envoyer ainsi des messages sous la Manche. Mais entre eux et le continent, les Anglais avaient préféré un câble télégraphique.

Je les imagine, ces deux-là, sur le Léman, en train d'inventer le sonar et la liaison entre les sous-marins. Leurs contemporains devaient les prendre pour des fous ou des magiciens. À l'époque, on faisait de la science en famille, le père de Saussure avait pour assistant son fils. Le fils Colladon avait son père comme assistant. À la fin de sa vie, Jean-Daniel, le fils, s'était passionné pour les nuages. Il avait cru avoir compris le mécanisme de formation de la grêle. Son explication a fait long feu.

Après la traversée de la Dranse, nous tentons de rejoindre le sentier du bord du lac sans pénétrer dans la zone industrielle. De nombreux pique-niqueurs sont installés sur une prairie qui descend jusqu'à l'eau. Autour d'eux, des couples sont couchés dans l'herbe, les uns enlacés, les autres se selfisant. Nous déballons tartines et viande séchée, commentons la longueur du détour. Si nous avions pu suivre la rive depuis Évian, nous aurions mis une heure au lieu de trois.

Je raconte à Virginie que le long de cette rive française, il y a longtemps, je faisais mon jogging matinal avec un militaire américain, lui expliquant qu'en face, à droite c'était Lausanne, à gauche Genève. Et l'autre avait compris

« Los Angeles » pour Lausanne-Genève. Virginie sourit à peine, comme si toutes ces anecdotes n'ajoutaient rien à la seule chose qui importe : la splendeur du lac dans la lumière d'avril.

Je lui signale un autre détail personnel, à propos du château de Ripaille dont nous longeons les murailles pendant un kilomètre et demi. C'était du temps où la jeunesse genevoise ci-devant aristocratique roulait en Mini Cooper. J'avais été invité à Ripaille, en France, avec d'autres. Plutôt que s'intéresser au château, les jeunes gens avaient organisé une chasse nocturne aux lapins qui pullulaient dans le bois enclos par les murailles. Il ne s'agissait de rien de moins que d'éblouir les animaux tétanisés par les phares et de les écraser. Cette anecdote-là non plus ne détourne pas Virginie de la contemplation du Léman.

Nous empruntons l'étroit sentier qui borde l'eau en contrebas des murailles. Elles cachent et les arbres du parc et le château. Ça n'en finit plus, on se croirait le long de la muraille de Chine. Nous progressons l'un derrière l'autre, Virginie se retourne parfois pour un sourire furtif. J'observe le doux mouvement de ses épaules, ses mains qui se balancent faiblement, le geste qu'elle fait pour éviter une branche basse. Y a-t-il des mots pour dire cette confiance silencieuse, développée l'un pour l'autre ?

Arrivés sur le quai du port de Thonon, nous prenons place pour un thé froid et une eau minérale. Je remplis la gourde aux toilettes, puis nous quittons de nouveau le trafic de la rive. Certaines communes font bien les choses, les piétons bénéficient de trottoirs continus. D'autres en font la proie des automobilistes. Par ce samedi de fin d'avril, il fait déjà une chaleur d'été. Les pelouses, les plages, les jetées attirent les maillots de bain, mais personne ne se risque dans l'eau froide.

Nous visons Excenevex, sans prêter attention au ruisseau qui nous en sépare. D'abord nous le suivons, mais ne trouvant pas de pont nous finissons par enlever nos chaussures, retrousser nos pantalons. Nous franchissons le ruisseau pieds nus et c'est toute une histoire pour s'essuyer les orteils. Pas au bout de nos peines, nous voilà piégés à l'intérieur d'un camping grillagé. Nous en cherchons péniblement la sortie avant de déboucher sur une plage où du sable neuf vient d'être étalé par des bulldozers.

Encore deux heures pour rejoindre Yvoire où j'ai réservé une chambre. Plus envie d'ajouter un détour par le GR, chemin de grande randonnée balisé. Le soleil baisse sur le Jura jusqu'à nous éblouir.

L'entrée d'Yvoire est accompagnée par toutes sortes de louanges. Le village, « l'un des plus beaux de France », affiche son palmarès à quatre fleurs. Il se dit médiéval, patrimonial, régional, national et bientôt mondial, n'en jetez plus. Par bonheur, en cette fin d'après-midi, les cars de touristes ont quitté les parkings et les marchands de pacotille referment leurs volets médiévaux.

Un gros bateau à vapeur de la CGN, cheminée brune inclinée à l'ancienne, vient d'embarquer une dernière cargaison de passagers. Il s'éloigne de la rive, laissant derrière lui la symétrie de son sillon et un double signal de trompe pour éloigner un pédalo. Encore un capitaine pressé.

L'hôtel du Port nous a gardé une chambre sous les toits. L'orientation de la fenêtre de la salle de bains permet de se doucher en suivant sur le lac le déclin d'un disque qui passe à l'orange en effleurant la crête du Jura. Ici c'est la France, la rive d'en face est en Suisse et derrière elle, c'est de nouveau la France. À force d'être partout, la frontière n'est nulle part.

Après le repas, filets de perche sur la terrasse, et avant de remonter dans notre chambre, nous allons jusqu'au bout d'une longue jetée faite de rocs immergés. Il fait nuit sur le Léman face à la brise du soir. La rive française et la rive suisse sont marquées par des guirlandes de lucioles plus ou moins lumineuses. Éclairages publics légèrement bleutés ou orangés, phares de voitures, maisons isolées sur le coteau, scintillement continu des villes. Parmi les étoiles du ciel, Virginie ne sait nommer que la Grande Ourse. Je lui présente quelques autres constellations. Nous en profitons pour faire le point comme un capitaine avec son sextant, à qui il demanderait sa route aux étoiles.

« Tu vois, dit-elle, tu prétends que le ciel est vide, que la marche du monde ne dépend ni de la religion ni de la politique et qu'il faut mettre à la place ce moment où deux êtres se rencontrent. Moi, je trouve que le ciel n'est pas vide. Il y a beaucoup d'autres lacs frontaliers, d'autres rencontres et d'autres amours... Tu sais, j'ai accepté un nouveau poste, au moins deux ans à Toronto… C'est aussi au bord d'un lac… » J'avale deux fois ma salive. Virginie n'était donc bien qu'une femme de passage, mais grâce à elle j'ai revisité le Léman. Elle n'ajoute rien, à moins que le long baiser qu'elle me colle ne soit une manière de réponse ou d'excuse.

Le lendemain matin, dernière étape avant de rejoindre la rade de Genève. Nous laissons le Léman à main droite, ruisselant de lumière, les champs de colza à gauche jusqu'au village de Nernier. Rues perpendiculaires au rivage, maisons de pierre, accolées les unes aux autres, entourant un clocher, un air de bourg fortifié qui a vécu de la pêche et de ses vignes, un petit port de plaisance. À la différence d'Yvoire, le village ne compte pas dix marchands de glaces, vingt cafés et trente restaurants, mais juste ce qu'il faut pour que le tourisme ne l'asphyxie pas. « Si je reviens un jour au bord du Léman, dit Virginie, je voudrais habiter ce village. »

Nous nous avançons jusqu'à l'extrémité du débarcadère qui offre le recul nécessaire pour admirer le profil des toits emboîtés. Nous en profitons pour commenter la couleur de ces eaux transparentes qu'aucun souffle n'irise. Quelques milans noirs, arrivés un mois plus tôt, disputent les bons coins du ciel à des corneilles installées depuis plus longtemps. Des foulques plongent, des canards secouent leur plumage, des cygnes en couple jouent les impassibles.

Retournant entre les maisons, nous lisons cette plaque :

« Pendant les Cent-Jours, Lamartine vécut à Nernier, la ville simple des pêcheurs, et chanta son cœur sur les bords du lac. “Un secret instinct semblait m'avertir que je ne retrouverais jamais un ciel aussi selon mon cœur.” Hommage des Lamartiniens romands, 1815-1925. »

Aucun sentier continu ne longe l'eau. Plusieurs fois nous tentons de trouver un prolongement, quitte à passer les gros cailloux qui trempent dans des vaguelettes à la fin des pelouses privées. Trop de ronces, de rives effondrées, de mises en garde canines. Il nous faut remonter vers l'intérieur, nous éloigner du lac, rejoindre un bois et des champs cultivés. Nous découvrons un parcours plus long, mais sans entraves. Ici le glacier, qui a creusé le lit du Léman, a repoussé la chaîne des Voirons à plusieurs kilomètres, laissant place à une vaste campagne. Plus de villages autour d'un clocher, mais en tous sens l'habitat des nouveaux venus qui travaillent à Genève et retournent pour la nuit en France. Ce jour-là ils ont sorti la tondeuse, le gril et les jeux des enfants. Les bois et les terres agricoles seront bientôt avalés.

Passé midi, nous arrivons à la douane d'Hermance. Côté français, les bâtiments administratifs de la police des frontières ont été loués à des entreprises privées. Côté suisse, ils sont cadenassés, peut-être en vue d'une réouverture. Nous passons le petit pont sur la rivière sans avoir l'impression de changer de pays. Hermance aussi ressemble à Nernier, à Yvoire. Nous faisons halte dans un tea-room, feuilletons les journaux du dimanche. Virginie me montre un article à propos des premiers habitants de la région. « L'image ci-contre est un tableau peint en 1896. Il est intitulé *Un soir dans un village lacustre* et pourrait bien décrire la vie des habitants autour du Léman. L'artiste idéalise la vision que les préhistoriens du XIXe siècle avaient des populations lacustres. »

À partir d'Hermance, les maisons genevoises sont plus cossues, les voitures plus luxueuses, mais le Léman affiche toujours le même bleu aux reflets clairs et ses rives restent privées. Nous prenons par les vignes que commentent des panneaux qui devraient nous permettre de distinguer un gamaret d'un pinot gris. Nous passons une rivière à laquelle d'importants travaux ont rendu sa sauvagerie, gravissons enfin le coteau de Cologny. Moi qui n'aime guère les habitants de cette commune, je signale à Virginie que c'est l'endroit de Suisse romande où la rente foncière est si élevée qu'en tendant l'oreille on l'entend grimper pendant la nuit. « Tu trouves ça drôle ? » Chaque propriété a sa clôture électronique, ses caméras équipées pour l'infrarouge et ses rondes de gardiens chargés de surveiller le côté riche de la vie.

Nous évaluons l'âge des chênes, la hauteur des séquoias et l'avancement de la floraison des arbustes. Nous condamnons la présence des oliviers, nettement déplacée sous ces latitudes. Parmi les illustres habitants du coteau, Virginie relève l'Anglais Byron, le coureur automobile Alain Prost et l'étonnant voyageur Nicolas Bouvier.

Je pousse avec Virginie la grille du cimetière de Cologny.

À côté de la tombe de ma tante se trouve celle de l'auteur de *L'Usage du monde*. Quelqu'un y a posé un modèle réduit de la voiture avec laquelle il a voyagé. Un jour, me parlant de notre lac, il m'avait dit : « Arc lémanique, c'est un sacré beau couple de mots. »

Table

Avant-propos 9

FRONTIÈRES EFFACÉES

Wannsee 17

FRONTIÈRES EXTRÊME-ORIENTALES

Lac Khanka 35

FRONTIÈRES ASIATIQUES

Mer Caspienne 65

FRONTIÈRES AMÉRICAINES

Lac Titicaca 87

Grands Lacs américains 93

FRONTIÈRES AFRICAINES

Lac Victoria 123

FRONTIÈRES D'EUROPE CENTRALE

Lac Balaton 131

Neusiedlersee 138

FRONTIÈRES NORDIQUES
Lac Peïpsi 153
Lagon de Courlande 162

FRONTIÈRES BALKANIQUES
Lac Shkodër 173
Lac Prespa 178
Lac Doïran 185

FRONTIÈRES ALÉMANIQUES
Lac de Constance 195

FRONTIÈRES TESSINOISES
Lac de Livigno 211
Lac de Lei 220
Verbano 229

FRONTIÈRES LÉMANIQUES
Lac des Brenets 237
Léman 241

DU MÊME AUTEUR

CHEZ PHÉBUS

Légèrement seul. Sur les traces de Gall, 2013

Tous les lointains sont bleus, 2015

CHEZ D'AUTRES ÉDITEURS

À nous deux, Ferdinand, Canevas, 1991

Virtuellement vôtre !, Canevas, 1993

La vie, il y a des enfants pour ça, Canevas, 1994

La Ligne bleue, Seuil, 1995

Bleu Siècle, Seuil, 1996

Gris-bleu, Seuil, 1999

Courir, écrire, Zoé, 2000

La Danseuse et le Chimiste. Neuf rencontres indisciplinées entre artistes et scientifiques, Labor et Fides, 2002

Jules en Amérique, La Joie de lire, 2003

Nationalité frontalière. Chroniques, Métropolis, 2003

La Nouvelle Conférence de Wannsee, Le Temps des Cerises, 2004

L'Envol du marcheur, photographies de Xavier Voirol, Labor et Fides, 2004

Malcolm X. Par tous les moyens nécessaires, Desmaret, 2004

Chronique américaine, Métropolis, 2005

L'Homme qui tombe, Buchet/Chastel, 2005

Double, Canevas, 1998 ; Métropolis, 2006

Un dimanche à la montagne, Buchet/Chastel, 2006 ; Libretto, 2024

Kamikaze Mozart, Buchet/Chastel, 2007

Le Silence des abeilles, Buchet/Chastel, 2009

Un glacier dans le cœur. Vingt-six manières d'aimer un pays et d'en prendre congé, Métropolis, 2009

Esthétique de la course à pied, photographies de Jacques Pilet, Virgile, 2010

Tu n'as rien vu à Fukushima, Buchet/Chastel, 2011

Fusions, Buchet/Chastel, 2012

Écrire la mondialité, La Baconnière, 2013

Le Démantèlement du cœur, Buchet/Chastel, 2014

Terminal terrestre, D'autre part, 2017

Dix petites anarchistes, Buchet/Chastel, 2018 ; Libretto, 2020

Quand vos nuits se morcellent. Lettre à Ferdinand Hodler, Zoé, 2018

À la garde. Lettre à mon père pasteur, Labor et Fides, 2019

La Suisse de travers, Héros-Limite, 2020

La France atomique, Héros-Limite, 2021

L'Oiselier, La Baconnière, 2021

Le Bonnet rouge, Héros-Limite, 2023

Portraits clandestins, La Baconnière, 2023

Cet ouvrage
a été mis en pages par In Folio
reproduit et achevé d'imprimer
en janvier 2025
dans les ateliers de Normandie Roto Impression s.a.s.
61250 Lonrai
N° d'imprimeur : 2404989

Imprimé en France

Dépôt légal : février 2025